Lisa Krelhaus

Wer bin ich – wer will ich sein?

Lisa Krelhaus

Wer bin ich – wer will ich sein?

Ein Arbeitsbuch zur Selbstanalyse

mvg Verlag

Bibliografische Information Der Deutschen Bibliothek
Die Deutsche Bibliothek verzeichnet diese Publikation in der Deutschen Nationalbibliografie; detaillierte bibliografische Daten sind im Internet über http://dnb.ddb.de abrufbar.

2. Auflage 2004
1. Auflage März 2004 unter ISBN 3-478-73490-8

Umschlaggestaltung: Atelier Seidel, Neuötting
Redaktion: Annette Gillich, Essen
Satz: mi, J. Echter
Druck und Bindearbeiten: Himmer, Augsburg
Printed in Germany 06146/080402
ISBN 3-636-06146-1

Inhalt

Den Spielraum erkennen

Bei meiner Tätigkeit als Psychologin in der Wirtschaft mache ich häufig die Erfahrung, dass es ein großes Interesse daran gibt, mehr über die eigene Persönlichkeit zu erfahren. Üblicherweise hat man als „normaler" Mensch diese Möglichkeit nur dann, wenn man im Rahmen von Personalbeurteilungsverfahren – sei es bei Neueinstellungen oder bei der internen Karriereentwicklung – in die Hand eines Psychologen gerät, von dem man diagnostiziert und beurteilt wird. Das ist nun nicht unbedingt der Rahmen, in dem man vertrauensvoll über die eigenen Bedürfnisse, Wertvorstellungen und Wünsche spricht und die wirklich wichtigen Fragen für seine Zukunft stellt.

Die Qual der Wahl

Soll ich die Führungsposition annehmen? Passt das überhaupt zu mir? Ich bin beruflich sehr erfolgreich, wieso bin ich nicht glücklich? Ich weiß gar nicht, was ich meiner Tochter für ihre Zukunft raten soll. Sie wird jetzt mit der Schule fertig und hat nur verrückte Dinge im Kopf, von denen ich mir nicht vorstellen kann, dass sie damit gute Berufsaussichten hat. Ich habe da immer noch die Idee, etwas ganz anderes aus meinem Leben zu machen. Aber ich glaube, dazu bin ich zu alt – oder vielleicht doch nicht?

Heutzutage steht uns eine unendliche Fülle von Möglichkeiten zur Gestaltung unseres beruflichen und privaten Lebens zur Verfügung. Nachdem sich früher die Ausbildung der Kinder am Beruf der Eltern orientierte, hat heute – zumindest theoretisch – jeder Zugang zu allen Schulformen und Bildungswegen. Auch geschlechtsspezifische Beschränkungen sind aufgehoben. Frauen werden Elektrotechnikerin, Männer Visagist. Jeder ist frei, die Ausbildung zu machen, für die er sich geeignet hält und die ihm gefällt.

Nachdem man seine Ausbildung abgeschlossen hat, sind die Wahlmöglichkeiten keinesfalls eingeschränkt. Die Psychologin wird Therapeutin oder Management-Trainerin, Personalreferentin oder Marktforscherin, Tierpsychologin oder Wahlkampfberaterin – oder vielleicht doch lieber Hausfrau. Der Mediziner kann auch Unternehmensberater werden, die Verkäuferin Verkaufstrainerin oder selbstständige Testkäuferin, der Metzger studiert auf dem zweiten Bildungsweg Geschichte und handelt danach erfolgreich an der Börse.

Auch im Privatleben kann man wählen zwischen allen denkbaren Lebensformen. Zwar steht die Kernfamilie immer noch auf Platz eins der Wunschliste, doch nicht eheliche Partnerschaften, Wohngemeinschaften oder ein Leben als Single oder Alleinerziehende sind gleichwohl akzeptiert. Nur 25 Prozent aller Haushalte leben zurzeit als „normale" Familien.

Die Möglichkeiten zur Freizeitgestaltung sind ebenfalls uneingeschränkt: Sport, Besinnung, künstlerische Entfaltung, Geselligkeit. Oder lieber Sprachentraining für die weitere berufliche Entwicklung? Vielleicht sogar eine Casting-Show, bei der man die Möglichkeit hat, Deutschlands Superstar zu werden?

Der persönliche Lebensweg ist eine Folge von unendlich vielen Entscheidungen. Welche Schule, welche Ausbildung, welches Studium? In der Freizeit lieber mehr Sport oder doch ehrenamtliches Engagement? Vielleicht ist das besser für den Lebenslauf. Golf oder Fußball oder lieber einen Kampfsport? Vielleicht hilft gerade der, sich später im Leben besser durchzusetzen. Aber Golfspielen ist gesellschaftlich interessanter. Das könnte für die Karriere besser sein. Muss man bei der Wahl der Sportart auf so etwas achten? Klavier spielen oder Flöte? Viele Leute, die Klavier spielen können, hören nach einigen Jahren doch wieder damit auf. Lohnt sich dafür die Investition? Nach drei Jahren von seiner Freundin trennen oder lieber zusammenbleiben? Wenn man länger bleibt, erwartet sie vielleicht, später auch geheiratet zu werden. Und ob ich das dann will? Bei den Eltern wohnen bleiben oder wegziehen? Bei den Eltern ist es so praktisch, keine Probleme mit der Wäsche, und zu Essen gibt es meistens auch etwas. Aber zieht man nicht besser aus, wenn man sich auf eigene Füße stellen will? Vielleicht sucht man sich eine Wohngemeinschaft, da ist man nicht so allein. Aber gibt das nicht immer Ärger mit dem Aufräumen? Suche ich meinen ersten Job in einem kleinen oder großen Unternehmen? In einem kleinen bekommt man mehr zu sehen, dafür kann man in einem großen besser Karriere machen. Mit 37 noch einmal von vorne anfangen? Den Job aufgeben und die Selbstständigkeit wagen? … es kann einem schwindelig werden bei so vielen Alternativen und so vielen Entscheidungen.

Die Notwendigkeit, Entscheidungen zu treffen

Nun haben vielleicht nicht alle Entscheidungen die gleiche Tragweite. Dennoch zieht jede Entscheidung zwangsläufig bestimmte Folgen nach sich. Und mit denen kann man mehr oder weniger gut leben, zufrieden oder unzufrieden sein. Eine Folge glücklicher Entscheidungen führt zu einem zufriedenen Leben, eine falsche Entscheidung kann, konsequent durchgezogen, zu viel Kummer oder zumindest zu mangelnder Zufriedenheit führen. Das ist der Grund, warum man manchmal versucht ist, überhaupt keine Entscheidung zu treffen. Das bedeutet aber gleichzeitig auch, etwas nicht in die Tat umzusetzen.

Wenn etwas nicht in die Tat umgesetzt wird, bleibt es eine Idee, eine nicht verwirklichte Idee. Man weiß nicht, ob man es geschafft hätte, ob man vielleicht erfolgreich gewesen wäre, ob man vielleicht damit glücklich geworden wäre. Man kann zu sich sagen: „Ich hätte das bestimmt gekonnt." Oder man sagt sich, dass man es ohnehin nicht geschafft hätte oder dass es keinen Sinn gehabt hätte, weil es ja inzwischen genug davon gibt, z. B. Physiotherapeuten, Ärzte, Rechtsanwälte, IT-Techniker, Lehrer, Reiseverkehrskaufleute usw. Dies hilft zunächst, mit der Situation klarzukommen, doch langfristig sieht das anders aus. Denn man kann erleben, dass auch der Jurist, der sich als 623. Rechtsanwalt in einer Großstadt niederlässt, erfolgreich ist. Und dann wird man vielleicht der nicht genutzten Chance nachtrauern.

Man kann das Entscheidungsproblem auch einfach aussitzen, es darauf ankommen lassen. Vielleicht erübrigt sich die Entscheidung dann. Wenn ich z. B. lange genug zögere, mich bei der Firma xy zu bewerben, ist ganz einfach irgendwann der Zeitpunkt und damit die Chance verpasst.

So menschlich und verständlich all diese Verhaltensweisen auch sind, so wenig sind sie dazu geeignet, einen Lebensweg zu gestalten, der zu Zufriedenheit und Wohlbefinden führt. Mit zunehmender Klarheit über die eigenen Ziele und Lebensvorstellungen fallen Entscheidungen leichter. Dieses Buch soll Ihnen dabei helfen, Ihre persönlichen Ziele zu finden und zu verwirklichen. Es soll Ihnen helfen, Ihren eigenen Weg zu einem erfüllten Leben zu gehen.

Grundvoraussetzungen der Selbstverwirklichung

Was ist Selbstverwirklichung?

Klaus wusste schon im Alter von zwölf Jahren, dass er Arzt werden wollte. Er liebte es, seinen Vater in seiner Praxis zu besuchen und sich von ihm Geschichten von Krankheit und Genesung erzählen zu lassen. Bereits mit 15 Jahren durfte er aufgrund seines großen Interesses ein erstes Praktikum im örtlichen Krankenhaus absolvieren, danach arbeitete er regelmäßig in den Schulferien auf verschiedenen Stationen des Krankenhauses. Seinen Wehrersatzdienst leistete er beim Rettungsdienst in der Unfallhilfe. Da Klaus in den letzten Jahren seiner Schulzeit zielstrebig auf einen sehr guten Notendurchschnitt hingearbeitet hatte, bekam er ohne Wartezeit einen Studienplatz in Medizin. Das Studium beendete er mit sehr guten Noten, danach standen ihm viele Türen offen. Er entschied sich für eine Ausbildung zum Facharzt für Kinderheilkunde. Heute, mit 35 Jahren, ist Klaus Oberarzt in einer Kinderklinik. Seit seinem 26. Lebensjahr ist er glücklich mit Stephanie verheiratet und hat mit ihr drei Kinder, sie leben in einem Häuschen am Stadtrand. Klaus ist mit seiner gesamten Lebenssituation sehr glücklich.

Als Holger nach seinem Abitur im Alter von 19 Jahren vor der Frage stand, wie es mit ihm weitergehen sollte, wurde in seiner Familie viel über die Vor- und Nachteile der verschiedenen Studienrichtungen diskutiert. Betriebswirtschaftslehre und Jura waren die – besonders wegen der vielfältigen beruflichen Möglichkeiten – von allen bevorzugten Fächer. Holger fand beide Alternativen nicht schlecht, und er freute sich, dass seine Familie ihm so Großes zutraute. Letztlich begann er ein Jurastudium, weil er hierfür die besseren Argumente fand. Jedoch schon nach den ersten Semesterwochen beschlich ihn das ungute Gefühl, hier nicht am richtigen Platz zu sein. Doch so schnell wollte er nicht aufgeben, und so investierte er eine Menge an Zeit und Energie, um sich in das Fach einzuarbeiten. Doch im dritten Semester hatte er den Anschluss an seine Lerngruppe verloren, und mittlerweile hatte er keine Lust mehr, mit seinen Kommilitonen über fachliche Themen zu diskutieren. Die ganze Art der juristischen Denkweise erschien ihm eng und absurd. Es war nicht mehr zu leugnen, dass Jura nicht sein Fach war. Zuerst war es seine Schwester, die ihm Mut machte, das Studium abzubrechen und etwas Neues anzufangen. Aber auch seine Eltern hatten schließlich Verständnis für seine Not, und gemeinsam überlegte man, was wohl das Beste für Holger wäre.

Mit Jura war Betriebswirtschaftslehre ebenfalls abgehakt, es musste also etwas ganz anderes sein. Holger entschied sich für Geologie, inzwischen war er 26. Doch auch die Geologie scheint nicht seine Leidenschaft zu sein. Er denkt darüber nach, auch dieses Studium aufzugeben. Und heute, mit 32 Jahren, fragt er sich, ob Betriebswirtschaftslehre nicht doch das Richtige gewesen wäre. Aber soll man in dem Alter noch einmal von vorn anfangen? Auch privat geht es Holger nicht besonders gut. Seit seiner Trennung von seiner langjährigen Partnerin Mona vor zwei Jahren ist er auf der Suche nach einer neuen Beziehung. Mona hatte die Beziehung beendet, weil sie eine Familie gründen wollte. Dieser Schritt erschien Holger damals zu weit reichend, die Verantwortung zu groß. Was bindet man sich nicht alles ans Bein, wenn man plötzlich ein Kind zu versorgen hat. Auf was muss man nicht alles verzichten. Heute könnte er sich ein Leben mit Mona und zwei Kindern vielleicht sogar gut vorstellen und würde die Zeit gern zurück drehen. Wenn er nur könnte ...

Glücklich durch Selbstverwirklichung

Worin unterscheiden sich die Lebensgeschichten von Klaus und Holger? Klaus hatte das Glück, schon sehr früh eine klare Vorstellung von seiner Zukunft zu haben. Diese war für ihn so erstrebenswert, dass er sich ohne Schwierigkeiten für die Verwirklichung seiner Vorstellung einsetzen konnte. Offenbar besaß Klaus auch die erforderlichen Talente, so dass er schnell erfolgreich war, was ihm zusätzlich Antrieb gab.

Holger hingegen kann sich vieles vorstellen. Er weiß jedoch nicht, wie er sich entscheiden soll. Alles hat seine Vor- und Nachteile. Einerseits hätte er gern einen angesehenen Beruf, andererseits hat er aber auch die Idee, dass es etwas geben könnte, für das er sich richtig begeistern kann. Er sagt von sich, dass er alles kann, aber nichts richtig. Auch mit seiner privaten Situation ist er unzufrieden. Wenn er mit seinem Studium schon fertig gewesen wäre, hätte er vielleicht keine Zweifel an seiner Beziehung zu Mona gehabt. Aber wie sollte er als Student eine Familie ernähren? Holger ist mit seiner gesamten Lebenssituation unglücklich und ratlos, wie es weitergehen soll.

Das, was beide Lebensgeschichten wirklich voneinander unterscheidet, ist der Grad an Selbstverwirklichung. Selbstverwirklichung bedeutet, eine Lebensvorstellung zu entwickeln und zu verwirklichen. Nicht bei allen Menschen sind die Vorstellungen über die eigene Zukunft so klar und eindeutig wie bei Klaus. Unter Umständen muss man sich aktiv auf die Suche danach machen, was einem erstrebenswert und sinnvoll erscheint, und wofür man gerne Energie investiert. Dazu ist es hilfreich, grundlegendes Wissen über die eigene Persönlichkeit zu haben.

Selbstverwirklichung bedeutet, eine Vorstellung von dem eigenen Leben zu entwickeln und diese zu verwirklichen.

Was sind meine Bedürfnisse? Was sind meine Talente? Was ist für mich erstrebenswert? Wenn diese Fragen beantwortet sind, können Sie Ihre persönlichen, bedeutungsvollen Ziele formulieren.

Wenn es Ihnen dann auch gelingt, diese Ziele zu erreichen, sind das die besten Voraussetzungen für ein glückliches und zufriedenes Leben. Gelingt es allerdings nicht, führt das zu schleichender Unzufriedenheit, zu Gefühlen von Traurigkeit, Enttäuschung und im schlimmsten Fall zu Depression.

Wovon hängt die Selbstverwirklichung ab?

Selbstverwirklichung ist ein sehr komplexer Prozess, der von vielen Faktoren abhängt. Die Hauptfaktoren sind Wollen, Können, Dürfen sowie die Rahmenbedingungen.

Das Wollen

Am Anfang der Selbstverwirklichung steht das Wollen. Klaus wollte schon immer Arzt werden, er hatte keine Zweifel. Es war für ihn selbstverständlich, sich die Voraussetzungen zu erarbeiten, die notwendig waren, um seine Ziele zu erreichen. Holger hingegen wusste nicht, was er wollte. Über seine Zukunft hatte er sich bisher keine Gedanken gemacht. Er war deshalb ganz dankbar, dass seine Familie mit ihm gemeinsam verschiedene Möglichkeiten erörterte und ihm bei seiner Entscheidung half. Es ist jedoch sehr schwierig, über viele Jahre hinweg konsequent auf ein Ziel hinzuarbeiten, wenn man nicht wirklich sicher ist, dass man dieses Ziel auch erreichen möchte und ob das überhaupt der Weg ist, den man gehen will. In diesem Punkt hatte es Klaus leichter. Er hatte – vielleicht durch das Vorbild seines Vaters – irgendwann das tiefe Bedürfnis, als Arzt tätig zu sein und konnte sich ab diesem Zeitpunkt gar nicht vorstellen, dass dies einmal anders gewesen sein sollte.

Bevor man sich selbst verwirklichen kann, muss man Klarheit über das gewinnen, was man wirklich will.

Bei einigen Menschen kommen Ideen bezüglich der Zukunft wie von selbst. Andere brauchen etwas länger dafür, bis sich aus mehreren Interessen konkrete Vorstellungen für die Zukunft herauskristallisieren. Wieder andere haben absolute keine Idee und müssen aktiv danach suchen, was ihnen als erstrebenswertes Ziel erscheint.

Das Können

Bevor man sich endgültig für ein bestimmtes Ziel entscheidet, sollte man feststellen, welche Fähigkeiten und Fertigkeiten man dazu benötigt. Dann stellt sich die Frage, welche dieser Fähigkeiten man schon hat und welche man sich noch aneignen müsste. Dabei geht es nicht nur um praktische Fähigkeiten, sondern auch um den persönlichen Charakter und die Kompetenzen.

Wenn man ein bestimmtes Ziel anvisiert, muss man zunächst prüfen, ob man die notwendigen praktischen Fähigkeiten und Charaktereigenschaften besitzt.

Klaus hatte keine größeren Probleme, seine vorhandenen Fähigkeiten einzusetzen und die fehlenden zu entwickeln. In vielen Fällen kann dies aber auch eine wirklich herausfordernde Angelegenheit werden. So wird es für Holger wahrscheinlich nicht einfach, mit der skeptischen Haltung seiner Mitmenschen umzugehen, wenn er sich noch einmal für einen Neuanfang entscheidet. Vielleicht überkommen ihn immer wieder Zweifel, ob er die richtige Entscheidung getroffen hat. Ganz sicher wird er lernen müssen, seinen Weg selbstsicher zu gehen und sich nicht von Kritikern irritieren zu lassen. Dazu wird er eine hohe Umsetzungskompetenz benötigen. Unter Umsetzungskompetenz versteht man alle Fähigkeiten und Fertigkeiten, die nötig sind, um Ziele zu erreichen: Dies sind zum Beispiel Konzentration auf das Wesentliche, selbstsicheres Auftreten, Umgang mit Kritik und Selbstzweifeln, Umgang mit Misserfolg, Stress und Unsicherheit.

Das Dürfen

Der nächste Faktor auf dem Weg zur Selbstverwirklichung ist das Dürfen. Die Meinungen und Reaktionen der Mitmenschen können einen großen Einfluss auf das eigene Verhalten haben. So wie es ein Grundbedürfnis von Menschen ist, sich selbst zu verwirklichen, so ist es ebenso ein Grundbedürfnis, von den Menschen, die einem wichtig sind, akzeptiert zu werden.

Holger möchte, dass seine Eltern stolz auf ihn sind. Er weiß, dass es für seine Mutter wichtig ist, dass er einen soliden Beruf ergreift, mit dem er auch in schwierigen Zeiten eine Familie ernähren kann. Für seinen Vater ist dagegen eher bedeutsam, dass Holger sich mit seinem Beruf möglichst viele Optionen schafft und er ihn sowohl als Angestellter als auch als Selbstständiger ausüben kann. Deshalb hatte er für Betriebswirtschaftslehre oder Jura plädiert. Für beide Eltern war es selbstverständlich, dass ihr Sohn studieren wird. Sie haben ihm zwar während seiner Schulzeit immer wieder vorgehalten, dass er zwar intelligent, aber faul sei und dass mit diesem Arbeitsstil nichts Großes aus ihm werden würde, dennoch haben sie niemals daran gezweifelt, dass er studieren würde.

Wer seine Ziele von der Zustimmung anderer Menschen abhängig macht, schränkt sich selbst ein. Um unseren eigenen Weg zu gehen sollten wir keine „Erlaubnis" brauchen.

Holger hat natürlich die Erwartungen seiner Eltern gespürt. Je näher die Entscheidung rückte, desto unruhiger wurde er bei der Aussicht, sich für so viele Jahre festzulegen, ohne zu wissen, ob es überhaupt Spaß macht. Er hatte Zweifel, ob er das Studium durchhalten würde mit der ganzen Lernerei und den vielen Prüfungen. Aber er hatte auch keine bessere Idee. Zwar war ihm mal das eine oder andere in den Sinn gekommen, was er gern tun würde. Eine Zeit lang hatte er davon geträumt, einen kleinen Laden zu besitzen und dort Kunden zu beraten – vielleicht ein Geschäft für Zigarren. Allerdings war diese Idee nicht ausgegoren und wohl auch etwas verrückt. Im Übrigen war er der Ansicht – und da teilte er die Überzeugung seiner Eltern –, dass Spaß nicht unbedingt ein entscheidendes Kriterium bei der Auswahl eines Studiums oder Berufs ist.

Wie würden Familie und Freunde von Holger darauf reagieren, wenn er jetzt noch einmal seine berufliche Richtung ändern würde? Was glaubt Holger, was man über ihn sagen würde? Wie wichtig ist es für ihn, was man über ihn denkt? Würde ihn die Meinung der anderen vielleicht davon abhalten, seinen Weg zu gehen? Braucht er die „Erlaubnis" von anderen?

Die Rahmenbedingungen

Für die Verwirklichung eines Ziels sind außerdem bestimmte Rahmenbedingungen erforderlich. Zum Beispiel konnte Klaus sein Medizinstudium nur deshalb absolvieren, weil er einen Studienplatz bekommen hat. Außerdem hatte er offenbar genügend Geld, um seinen

Lebensunterhalt zu bestreiten und genügend Zeit, um den Stoff zu lernen. Nun kann man nicht immer davon ausgehen, dass die Gesamtsituation so günstig ist. Wenn die Umstände widriger und die Hürden höher sind, kann es sein, dass man sein Vorhaben verändern oder sogar ganz aufgeben muss. In jedem Fall ist es wichtig, die äußeren Rahmenbedingungen zu analysieren und abzuschätzen, ob die Verwirklichung der Ziele und Wünsche realistisch ist.

Wenn man beispielsweise aufgrund einer schlechten Abiturnote zunächst nicht den erwünschten Studienplatz erhält, könnte man beispielsweise einige Monate im Ausland studieren und später an eine deutsche Universität wechseln.

Die äußeren Bedingungen müssen objektiv betrachtet werden. Es muss realistisch sein, das Ziel erreichen zu können, ob auf direktem Weg oder auf Umwegen.

Wie steht es um Ihre Selbstverwirklichung?

Aus den beschriebenen Fakten lassen sich drei Bereiche ableiten, die für die Selbstverwirklichung wichtig sind:

- Man benötigt **Klarheit** über die eigene Persönlichkeit, muss also die eigenen Motive, Werte, Einstellungen und Talente kennen.
- Man braucht **Orientierung** bezüglich der eigenen Zukunft, muss also eine eigene Vision entwickeln und daraus konkrete Ziele ableiten.
- Man braucht **Effizienz** in der Umsetzung der Ziele, muss also wissen, wie man mit Hindernissen umge-

hen kann, und lernen, was für ein Erreichen des Ziels wichtig ist.

Beantworten Sie nun für sich selbst die folgenden Fragen:

- Kennen Sie Ihr Persönlichkeitsprofil? Wissen Sie, was die Triebfedern Ihres Handelns sind? Was Ihnen wirklich wichtig ist? Welche Talente Sie haben?
- Welche Idee haben Sie von der Gestaltung einer beglückenden Zukunft? Welche Ziele wollen Sie erreichen?
- Welche Kompetenzen würden Ihnen dabei helfen?

Wenn Sie auf all die Fragen Antworten haben, die Sie zufrieden stellen, können Sie dieses Buch getrost aus der Hand legen. Sollten aber einige Fragen unbeantwortet geblieben sein oder Sie ins Grübeln gebracht haben, lesen Sie weiter. Dieses Buch wird Ihnen helfen, die fehlenden Antworten zu finden.

So arbeiten Sie mit dem Buch

Zunächst steht Ihre aktuelle Persönlichkeit im Mittelpunkt. Um diese genau zu betrachten, bearbeiten Sie bitte den nachfolgenden Test (ab S. 28), der speziell für diese Fragestellung entwickelt wurde. Hier werfen wir einen ersten Blick auf Ihre Motive und Einstellungen, und die Ergebnisse des Tests dienen als Grundlage für die weitere Arbeit.

Im Kapitel „Klarheit" betrachten wir Ihre Motive und Wertvorstellungen genauer, und wir gehen der Frage nach, über welche Fähigkeiten und Stärken Sie verfügen. Außerdem beschäftigen wir uns mit Ihren Überzeugungen und Einstellungen zu Ihrer Zukunftsgestaltung.

Im nächsten Schritt geht es um Ihre Zukunft. In dem Kapitel „Orientierung" werden Sie angeleitet, Ihre persönliche Lebensvision zu entwickeln. Worauf wollen Sie einmal stolz sein? Was würde Sie glücklich machen? Damit aus Ihren Träumen Wirklichkeit werden kann, finden Sie hier ein „Realisierungsprogramm". Es beginnt mit einer kritischen Überprüfung, was Utopie und was prinzipiell machbar ist. Dann werden Schritt für Schritt konkrete Ziele formuliert, Pläne geschmiedet, mögliche Stolpersteine identifiziert und Strategien entwickelt.

Die Umsetzung Ihrer Lebensvorstellungen und konkreten Ziele im Alltag ist Thema des Kapitels „Effizienz". Was können Sie tun, um durchzuhalten, auch wenn Ihnen der Wind ins Gesicht bläst? Wie können Sie aus Misserfolgen lernen? Wie können Sie mit Kritik selbstsicher umgehen? Wie können Selbstzweifel umgewandelt werden in positive Umsetzungsenergie? Wir werden die psychologischen Hintergründe dieser Fragestellungen betrachten, und Sie haben die Gelegenheit, für Ihre persönliche Situation jeweils konkrete Verhaltensweisen abzuleiten.

Am meisten werden Sie von dem Buch profitieren, wenn Sie es systematisch Übung für Übung durcharbeiten. Dann kann es gelingen, dass Sie am Ende eine beglückende Antwort auf die Frage haben: Wer will ich sein?

Persönlichkeitstest

Der Persönlichkeitstest wird Sie auf der Entdeckungsreise zu sich selbst unterstützen – er hilft Ihnen dabei, sich selbst besser kennen zu lernen. Im Gegensatz zu den zahlreichen „Psychotests“ z. B. in Frauenzeitschriften handelt es sich bei diesem Persönlichkeitstest um einen so genannten wissenschaftlichen Test. Wissenschaftliche Tests werden nach bestimmten anerkannten Regeln konstruiert und anhand einer Stichprobe empirisch überprüft. Durch Bildung statistischer Kennzahlen kann beispielsweise geprüft werden, welche Fragen z. B. besonders gut das Konzept „Neugiermotiv“ erfassen. Nach einer ersten Erhebungsphase werden in der Regel anhand dieser Kennzahlen die besten Fragen für den Test ausgewählt und neu zusammengestellt. Daran schließt sich eine weitere Erhebungsphase an, die häufig der Normierung dient, was bedeutet, dass anhand einer möglichst repräsentativen Stichprobe Grenzwerte gebildet werden, ab wann jemand beispielsweise eine hohe, mittlere oder niedrige „Neugier“-Ausprägung hat. Der Persönlichkeitstest wurde an einer Stichprobe von über 700 Personen verschiedenen Alters und Bildungsstandes normiert.

Nehmen Sie sich für die Bearbeitung der Fragen ausreichend Zeit. Hier geht es um Sie – also machen Sie den Test bitte nicht zwischen Tür und Angel. Falls Sie nicht genug Zeit haben, um den gesamten Test auf einmal zu bearbeiten, unterbrechen Sie einfach und machen zu einem späteren Zeitpunkt weiter. Die Fragen müssen nicht in einem Durchgang beantwortet werden. Viel wichtiger ist die Ruhe, denn Sie sollten beim Beantworten der Fragen aufmerksam in sich selbst hineinhorchen und genau unterscheiden zwischen dem, wie Sie sich selbst sehen, und den Erwartungen, die andere möglicherweise an Sie richten. Letztere sind nämlich nicht Gegenstand dieses Testes.

Zur Beurteilung steht Ihnen eine abgestufte Skala zur Verfügung.

1	Trifft gar nicht auf mich zu/stimme ich gar nicht zu
2	Trifft eher nicht auf mich zu/stimme ich eher nicht zu
3	Weder Zustimmung noch Ablehnung (bitte nur ankreuzen, wenn Sie sich weder für Zustimmung noch für Ablehnung entscheiden können)
4	Trifft eher auf mich zu/stimme ich eher zu
5	Trifft voll zu/stimme ich voll zu

Die Aussagen in dem Test beziehen sich auf persönliche Verhaltensweisen, Bedürfnisse und Einstellungen. Bitte überlegen Sie bei jeder Aussage, wie stark Sie dieser zustimmen bzw. wie stark die Aussage auf Sie persönlich zutrifft. Kreuzen Sie immer die Antwortmöglichkeit an, die Ihrer Meinung nach Ihrer Persönlichkeit am ehesten entspricht. Bitte entscheiden Sie sich zuerst möglichst spontan und achten Sie darauf, dass Sie keine Aussage auslassen. Falls Sie mit einer spontanen Antwort nicht zufrieden sind oder ein ungutes Gefühl dabei haben, denken Sie noch einmal in Ruhe darüber nach und korrigieren die Antwort gegebenenfalls.

Bei dem Test gibt es keine richtigen und falschen Antworten. Sie sollten das ankreuzen, was Ihrer persönlichen Einstellung und Empfindung entspricht.

Der Test dient vor allem Ihrer persönlichen Orientierung, darum gibt es keine richtigen und falschen Antworten, es geht allein um Ihre Sichtweise. Sie können vom Testergebnis am stärksten profitieren, wenn Sie die Fragen möglichst ehrlich beantworten. Überlegen Sie daher nicht, welche Antwort den besten Eindruck machen könnte.

Wenn Situationen beschrieben werden, die Sie persönlich in dieser Form noch nicht erlebt haben, schätzen Sie bitte ein, wie Sie sich wahrscheinlich verhalten würden.

Die Auswertung des Tests finden Sie ab Seite 39. Viel Vergnügen beim Ausfüllen des Fragebogens!

Die Testfragen

Bitte kreuzen Sie an, wie sehr die jeweilige Aussage auf Sie zutrifft bzw. wie stark Sie dieser zustimmen.

		trifft gar nicht zu				**trifft zu**
		1	**2**	**3**	**4**	**5**
1	Ich suche gerne aktiv neue Erfahrungen.					
2	Ich bin gerne mit anderen Menschen zusammen.					

		trifft gar nicht zu				trifft zu
		1	2	3	4	5
3	Ich bin dafür bekannt, dass ich bekomme, was ich will.					
4	Mir macht es besonders viel Freude, wenn ich durch mein Verhalten etwas „bewegen" kann.					
5	Mein Motto lautet: Ich mache nur das, was unbedingt notwendig ist.					
6	Mir ist es wichtig, dass es anderen Menschen um mich herum gut geht.					
7	Für mich ist es ausgesprochen wichtig, mein eigener Herr zu sein.					
8	Die soziale Wertschätzung, die mit bestimmten Berufen einhergeht, ist für mich sehr wichtig.					
9	Mit anderen zu konkurrieren, ist mir unangenehm.					
10	Viele Aufgaben gelingen mir auf Grund meiner Fähigkeiten.					
11	Wenn sich die Gelegenheit bietet, neue Erfahrungen zu sammeln, bin ich immer dabei.					
12	Alleine fühle ich mich am wohlsten.					
13	Ich kann andere oft dazu bewegen, das zu tun, was ich möchte.					

		trifft gar nicht zu				trifft zu
		1	2	3	4	5
14	Das Gefühl, etwas Neues geschaffen zu haben, beflügelt mich.					
15	Menschen, die sich über das erforderliche Ausmaß hinaus engagieren, kann ich nicht verstehen.					
16	Wenn jemand Hilfe oder Unterstützung braucht, bin ich sofort zur Stelle.					
17	Von anderen abhängig zu sein, bereitet mir Unbehagen.					
18	Mir ist es wichtig, einen gewissen gesellschaftlichen Status zu haben.					
19	Wenn ich mit anderen Menschen konkurrieren muss, macht mich das nervös.					
20	Der Einzelne hat in der Regel nur wenig Einfluss auf seine Lebenssituation.					
21	Mich auf Neues einzulassen, fällt mir sehr schwer.					
22	Ich suche aktiv die Nähe zu anderen.					
23	Es entspricht nicht meiner Art, andere beeinflussen zu wollen.					

		trifft gar nicht zu				trifft zu
		1	2	3	4	5
24	Wenn etwas funktioniert, sollte man keine Änderungen vornehmen.					
25	Schwierige Aufgaben sind für mich eine Herausforderung, die ich gerne und mit viel Einsatz lösen möchte.					
26	Ich freue mich, wenn ich anderen helfen oder sie unterstützen kann.					
27	Mir ist es sehr wichtig, eigenständig meine Entscheidungen zu fällen.					
28	Soziale Anerkennung zu bekommen, ist mir sehr wichtig.					
29	Es macht mir Spaß, mich mit anderen messen zu müssen.					
30	Für die Lösung beruflicher Probleme fallen mir immer wieder gute Möglichkeiten ein.					
31	Ich bleibe lieber bei den Dingen, die sich bewährt haben.					
32	Ich nutze jede Gelegenheit, andere Menschen näher kennen zu lernen.					
33	Meine Anliegen bringe ich nicht auf Kosten anderer durch.					

		trifft gar nicht zu				trifft zu
		1	2	3	4	5
34	Wenn Neuerungen anstehen, habe ich immer viele Ideen, was man alles anders machen könnte.					
35	Ich bin mit meiner Leistung auch dann zufrieden, wenn sie im Durchschnitt liegt.					
36	Wenn ich sehe, dass ich durch meinen Einsatz jemandem wirklich geholfen habe, motiviert mich das ganz besonders.					
37	Auf eigenen Füßen zu stehen, ist sehr wichtig für mich.					
38	Ich bin bereit, mich sehr stark zu engagieren, um einen hohen gesellschaftlichen Status zu erlangen.					
39	Mit anderen in Konkurrenz treten zu müssen, spornt mich an.					
40	Ob ich mit meiner Leistung zufrieden sein kann, hängt maßgeblich von mir selbst ab.					
41	Es macht mir Spaß, den Dingen auf den Grund zu gehen.					
42	Ich brauche häufig meine Ruhe und ziehe mich dann zurück.					

		trifft gar nicht zu				trifft zu
		1	2	3	4	5
43	Ich gebe anderen Menschen nur ungern Anweisungen.					
44	Wenn die Dinge einmal funktionieren, dann mache ich diese am liebsten ohne Veränderung genauso weiter.					
45	Auch wenn andere bereits zufrieden mit einer bestimmten Leistung wären, mache ich in jedem Fall weiter, bis das Ergebnis mich wirklich befriedigt.					
46	Es macht mir Freude, wenn ich anderen helfen oder sie unterstützen kann.					
47	Es ist mir sehr wichtig, selbst zu bestimmen, wie ich meinen Tagesablauf gestalte.					
48	Eine hochrangige Position zu bekleiden und dort hohes Ansehen zu genießen, ist für mich ein wichtiges Ziel.					
49	Ich trete gern in Wettbewerb zu anderen, damit ich weiß, wo ich stehe.					

		trifft gar nicht zu				trifft zu
		1	2	3	4	5
50	Schwierige Situationen arbeite ich auf, um für die Zukunft besser vorbereitet zu sein.					
51	Ich gehe einer Sache so lange nach, bis ich herausgefunden habe, wie sie funktioniert.					
52	Wenn viele Menschen um mich herum sind, fühle ich mich nicht wohl.					
53	Es macht mir Spaß zu sehen, dass andere tun, was ich möchte.					
54	Den Verlauf der Dinge beeinflussen zu können, ist mir wichtig.					
55	Damit nicht zu hohe Erwartungen an mich gestellt werden, halte ich mich mit meiner Leistung immer erst einmal zurück.					
56	Da ich sehr gut nachvollziehen kann, wie es Menschen in schwierigen Situationen ergeht, helfe ich gern.					
57	Es ist mir lieber, dass mir jemand sagt, wo es lang geht, als dass ich selbst entscheiden muss.					
58	Einen Beruf zu haben, der mit viel Prestige verbunden ist, hat für mich große Bedeutung.					

		trifft gar nicht zu				trifft zu
		1	2	3	4	5
59	Ich bin der Ansicht, Konkurrenz belebt das Geschäft.					
60	Es ist reiner Zufall, wenn sich andere Menschen einmal nach meinen Wünschen richten.					
61	Wenn Probleme auftauchen, möchte ich herausfinden, woran das liegt.					
62	Ich unternehme gerne etwas gemeinsam mit anderen Menschen.					
63	In Auseinandersetzungen ziehe ich meist den Kürzeren.					
64	Ich bin ein Mensch, der großen Gestaltungsspielraum braucht.					
65	Man hat im Leben nichts davon, wenn man sich besonders engagiert.					
66	Menschen, die sich die meiste Zeit um das Wohlergehen anderer kümmern, kann ich nicht verstehen.					
67	Ich fühle mich unwohl, wenn andere mir Vorgaben machen.					
68	In der Gesellschaft angesehen zu sein, hat für mich großen Stellenwert.					

		trifft gar nicht zu				trifft zu
		1	2	3	4	5
69	Meine Leistungen mit denen anderer zu vergleichen, ist mir wichtig.					
70	Wie mein Leben gestaltet wird, bestimme ich aktiv.					
71	Ich halte Ausschau nach Möglichkeiten, Neues zu erfahren oder mehr über eine bestimmte Sache zu lernen.					
72	Das Zusammensein mit anderen Menschen strengt mich oft an.					
73	Andere bezeichnen mich als dominant.					
74	Selbst etwas zu bewirken, macht mir Freude.					
75	Es lohnt sich nicht, sich über das durchschnittliche Maß hinaus zu engagieren, da man nur ausgenutzt wird.					
76	Es bereitet mir Freude, andere Menschen bei ihrer persönlichen Entwicklung zu fördern.					
77	Ich mag Arbeitsaufträge, bei denen ich freie Hand habe.					

		trifft gar nicht zu				trifft zu
		1	2	3	4	5
78	Meine Freizeitgestaltung richte ich vor allem danach aus, ob sie zu meinem gesellschaftlichen Status passt.					
79	Besser zu sein als andere, ist mir äußerst wichtig.					
80	Ich nehme mein Leben lieber selbst in die Hand, als dass ich mich auf das Schicksal verlasse.					

Auswertung des Tests

Die Aussagen des Tests beziehen sich auf unterschiedliche Motive und Einstellungen. Motive sind die treibende Kraft, die hinter unseren Handlungen steht (siehe Seite 54ff.). Im Test wurden die Motive Neugier, Geselligkeit, Macht, Gestaltung, Leistung, Uneigennützigkeit, Unabhängigkeit, Status und Wettbewerb untersucht. Der Aspekt der Selbstwirksamkeit zählt hingegen zu den Einstellungen bzw. Überzeugungen (siehe Seite 111 ff.): Was halten Sie von sich selbst, was trauen Sie sich selbst zu?

Pro Motiv bzw. Einstellung finden sich im Test acht Fragen. Bei der Auswertung werden jeweils die Punkte dieser Fragengruppen zusammengezählt. Im Ergebnis werden Sie sehen, wie stark die jeweiligen Motive bzw. Einstellungen bei Ihnen ausgeprägt sind.

Da bei manchen Fragen eine hohe Zustimmung auf eine starke Ausprägung hindeutet, bei anderen jedoch das Gegenteil, kann man nicht einfach die angekreuzten Punkte zusammenzählen. In den folgenden Tabellen ist detailliert aufgeführt, wie sich der Punktwert der einzelnen Fragen berechnet. Dabei gibt es zwei Möglichkeiten: Sie müssen die angekreuzte Zahl eintragen ("Markierte Zahl"), oder Sie müssen die angekreuzte Zahl von 6 abziehen ("6 minus markierte Zahl"). Tragen Sie Ihre errechneten Punkte für die einzelnen Aussagen in der rechten Spalte ein, und addieren Sie diese abschließend zur Gesamtpunktzahl pro Einstellung bzw. Motiv.

Neugier		
Aussage	**Umrechnungsmodus**	**Punktwert**
Aussage 1	Markierte Zahl = Punktwert	
Aussage 11	Markierte Zahl = Punktwert	
Aussage 21	6 minus markierte Zahl = Punktwert	
Aussage 31	6 minus markierte Zahl = Punktwert	
Aussage 41	Markierte Zahl = Punktwert	
Aussage 51	Markierte Zahl = Punktwert	
Aussage 61	Markierte Zahl = Punktwert	
Aussage 71	Markierte Zahl = Punktwert	
	Summe Punktwerte Neugier:	

Geselligkeit		
Aussage	**Umrechnungsmodus**	**Punktwert**
Aussage 2	Markierte Zahl = Punktwert	
Aussage 12	6 minus markierte Zahl = Punktwert	
Aussage 22	Markierte Zahl = Punktwert	
Aussage 32	Markierte Zahl = Punktwert	
Aussage 42	6 minus markierte Zahl = Punktwert	
Aussage 52	6 minus markierte Zahl = Punktwert	
Aussage 62	Markierte Zahl = Punktwert	
Aussage 72	6 minus markierte Zahl = Punktwert	
	Summe Punktwerte Geselligkeit:	

Macht		
Aussage	**Umrechnungsmodus**	**Punktwert**
Aussage 3	Markierte Zahl = Punktwert	
Aussage 13	Markierte Zahl = Punktwert	
Aussage 23	6 minus markierte Zahl = Punktwert	
Aussage 33	6 minus markierte Zahl = Punktwert	
Aussage 43	6 minus markierte Zahl = Punktwert	
Aussage 53	Markierte Zahl = Punktwert	
Aussage 63	6 minus markierte Zahl = Punktwert	
Aussage 73	Markierte Zahl = Punktwert	
	Summe Punktwerte Macht:	

Gestaltung		
Aussage	**Umrechnungsmodus**	**Punktwert**
Aussage 4	Markierte Zahl = Punktwert	
Aussage 14	Markierte Zahl = Punktwert	
Aussage 24	6 minus markierte Zahl = Punktwert	
Aussage 34	Markierte Zahl = Punktwert	
Aussage 44	6 minus markierte Zahl = Punktwert	
Aussage 54	Markierte Zahl = Punktwert	
Aussage 64	Markierte Zahl = Punktwert	
Aussage 74	Markierte Zahl = Punktwert	
	Summe Punktwerte Gestaltung:	

Leistung		
Aussage	**Umrechnungsmodus**	**Punktwert**
Aussage 5	6 minus markierte Zahl = Punktwert	
Aussage 15	6 minus markierte Zahl = Punktwert	
Aussage 25	Markierte Zahl = Punktwert	
Aussage 35	6 minus markierte Zahl = Punktwert	
Aussage 45	Markierte Zahl = Punktwert	
Aussage 55	6 minus markierte Zahl = Punktwert	
Aussage 65	6 minus markierte Zahl = Punktwert	
Aussage 75	6 minus markierte Zahl = Punktwert	
	Summe Punktwerte Leistung:	

Uneigennützigkeit		
Aussage	**Umrechnungsmodus**	**Punktwert**
Aussage 6	Markierte Zahl = Punktwert	
Aussage 16	Markierte Zahl = Punktwert	
Aussage 26	Markierte Zahl = Punktwert	
Aussage 36	Markierte Zahl = Punktwert	
Aussage 46	Markierte Zahl = Punktwert	
Aussage 56	Markierte Zahl = Punktwert	
Aussage 66	6 minus markierte Zahl = Punktwert	
Aussage 76	Markierte Zahl = Punktwert	
	Summe Punktwerte Uneigennützigkeit:	

Unabhängigkeit		
Aussage	**Umrechnungsmodus**	**Punktwert**
Aussage 7	Markierte Zahl = Punktwert	
Aussage 17	Markierte Zahl = Punktwert	
Aussage 27	Markierte Zahl = Punktwert	
Aussage 37	Markierte Zahl = Punktwert	
Aussage 47	Markierte Zahl = Punktwert	
Aussage 57	6 minus markierte Zahl = Punktwert	
Aussage 67	Markierte Zahl = Punktwert	
Aussage 77	Markierte Zahl = Punktwert	
	Summe Punktwerte Unabhängigkeit:	

Status		
Aussage	**Umrechnungsmodus**	**Punktwert**
Aussage 8	Markierte Zahl = Punktwert	
Aussage 18	Markierte Zahl = Punktwert	
Aussage 28	Markierte Zahl = Punktwert	
Aussage 38	Markierte Zahl = Punktwert	
Aussage 48	Markierte Zahl = Punktwert	
Aussage 58	Markierte Zahl = Punktwert	
Aussage 68	Markierte Zahl = Punktwert	
Aussage 78	Markierte Zahl = Punktwert	
	Summe Punktwerte Status:	

Wettbewerb		
Aussage	**Umrechnungsmodus**	**Punktwert**
Aussage 9	6 minus markierte Zahl = Punktwert	
Aussage 19	6 minus markierte Zahl = Punktwert	
Aussage 29	Markierte Zahl = Punktwert	
Aussage 39	Markierte Zahl = Punktwert	
Aussage 49	Markierte Zahl = Punktwert	
Aussage 59	Markierte Zahl = Punktwert	
Aussage 69	Markierte Zahl = Punktwert	
Aussage 79	Markierte Zahl = Punktwert	
	Summe Punktwerte Wettbewerb:	

Selbstwirksamkeit		
Aussage	**Umrechnungsmodus**	**Punktwert**
Aussage 10	Markierte Zahl = Punktwert	
Aussage 20	6 minus markierte Zahl = Punktwert	
Aussage 30	Markierte Zahl = Punktwert	
Aussage 40	Markierte Zahl = Punktwert	
Aussage 50	Markierte Zahl = Punktwert	
Aussage 60	6 minus markierte Zahl = Punktwert	
Aussage 70	Markierte Zahl = Punktwert	
Aussage 80	Markierte Zahl = Punktwert	
	Summe Punktwerte Selbstwirksamkeit:	

Nun können Sie ermitteln, welche Motive bei Ihnen eher hoch und welche eher niedrig ausgeprägt sind. Zu diesem Zweck sehen Sie in der folgenden Tabelle für jedes Motiv nach, welche der fünf Ausprägungsstufen auf Ihre jeweilige Gesamtpunktzahl zutrifft. Die entsprechende Zahl kreuzen Sie in dem nachfolgenden Ergebnisprofil an.

Beispiel: Ihr Gesamtpunktwert für das Neugier-Motiv beträgt 34 Punkte. In der Tabelle können Sie ablesen, dass ein Gesamtwert von 33 bis 35 Punkten der Ausprägungsstufe 4 entspricht. Im Ergebnisprofil kreuzen Sie bei „Neugier" den Kreis unter der Vier an.

	Niedrige Ausprägung				Hohe Ausprägung
	1	2	3	4	5
Neugier	8 bis 25 Punkte	26 bis 29 Punkte	30 bis 32 Punkte	33 bis 35 Punkte	36 bis 40 Punkte
Geselligkeit	8 bis 21 Punkte	22 bis 26 Punkte	27 bis 30 Punkte	31 bis 33 Punkte	34 bis 40 Punkte
Macht	8 bis 18 Punkte	19 bis 22 Punkte	23 bis 26 Punkte	27 bis 29 Punkte	30 bis 40 Punkte
Gestaltung	8 bis 25 Punkte	26 bis 28 Punkte	29 bis 31 Punkte	32 bis 33 Punkte	34 bis 40 Punkte
Leistung	8 bis 23 Punkte	24 bis 28 Punkte	29 bis 31 Punkte	32 bis 34 Punkte	35 bis 40 Punkte
Uneigen-nützigkeit	8 bis 28 Punkte	29 bis 32 Punkte	33 bis 36 Punkte	37 bis 38 Punkte	39 bis 40 Punkte
Unabhän-gigkeit	8 bis 25 Punkte	26 bis 29 Punkte	30 bis 32 Punkte	33 bis 34 Punkte	35 bis 40 Punkte
Status	8 bis 17 Punkte	18 bis 23 Punkte	24 bis 27 Punkte	28 bis 31 Punkte	32 bis 40 Punkte
Wettbewerb	8 bis 17 Punkte	18 bis 22 Punkte	23 bis 25 Punkte	26 bis 30 Punkte	31 bis 40 Punkte
Selbstwirk-samkeit	8 bis 24 Punkte	25 bis 28 Punkte	29 bis 30 Punkte	31 bis 33 Punkte	34 bis 40 Punkte

Ergebnisprofil

		Niedrige Ausprägung 1	2	3	Hohe Ausprägung 4	5	
Neugier	Lieber bei Altbewährtem bleiben	○	○	○	○	○	Offen sein für Neues
Geselligkeit	Sich alleine am wohlsten fühlen	○	○	○	○	○	Gerne mit anderen Menschen zusammen sein
Macht	Anderen Anweisungen geben fällt schwer	○	○	○	○	○	Seine Interessen auf Kosten anderer durchsetzen
Gestaltung	Nicht auf Veränderungen drängen	○	○	○	○	○	Durch das eigene Verhalten etwas bewegen wollen
Leistung	Nur das Nötigste tun, um eine Arbeit fertig zu stellen	○	○	○	○	○	Einen hohen Anspruch an die eigene Arbeit haben
Uneigennützigkeit	Leben nach dem Motto: „Jeder ist sich selbst der nächste"	○	○	○	○	○	Sich intensiv um das Wohlergehen anderer kümmern
Unabhängigkeit	Sich an anderen orientieren; Verantwortung abgeben	○	○	○	○	○	Unabhängig sein; Verantwortung annehmen
Status	Soziale Anerkennung unwichtig finden	○	○	○	○	○	Soziale Anerkennung suchen
Wettbewerb	Konkurrenz meiden	○	○	○	○	○	Den Wettkampf suchen
Selbstwirksamkeit	Viele Dinge als außerhalb der eigenen Einflussmöglichkeiten erleben	○	○	○	○	○	Die Überzeugung haben, die meisten Dinge im Leben selbst kontrollieren zu können

Testergebnis

Das Testergebnis ist eher allgemein gehalten. Es soll Ihnen zu einer ersten Einschätzung Ihrer persönlichen Einstellungen und Motive verhelfen. Weiterführende Erläuterungen zu den einzelnen Motiven und Einstellungen finden Sie im anschließenden Kapitel „Klarheit". Dort wird es auch um die Reflexion ihrer Ergebnisse gehen.

Wie schon erwähnt: Es gibt bei diesem Test keine richtigen oder falschen Antworten, keine besseren oder schlechteren Ergebnisse – es gibt nur Ihre persönliche Einschätzung von sich selbst. Eine hohe Ausprägung bedeutet nicht automatisch den Idealfall und eine niedrige Ausprägung ist keinesfalls Besorgnis erregend. Was Ihr Ergebnis für Sie bedeutet, hängt von Ihrer Persönlichkeitsstruktur, der Situation, dem sozialen Umfeld und anderen wichtigen Persönlichkeitsvariablen ab.

Klarheit

Das Ziel dieses Kapitels ist es, Ihnen Klarheit über Ihre individuelle Ausgangssituation zu verschaffen. Was ist Ihre Persönlichkeitsgrundlage, was steht Ihnen für Ihre weitere Entwicklung zur Verfügung? Worauf können Sie schon jetzt zurückgreifen? Was möchten Sie stärker beachten und was vielleicht verbessern oder neu erwerben, um tatsächlich zufrieden zu sein?

Es geht also darum, zu identifizieren, welche Stärken Sie haben, welche Leitlinien Ihnen wichtig sind, was Sie sich selbst zutrauen und welche Bedürfnisse Sie zum Handeln bewegen. Diese vier Aspekte bilden unser Motivsystem: Es handelt sich um Werte, um Einstellungen bzw. Überzeugungen, um Kompetenzen bzw. Stärken und um Motive bzw. Bedürfnisse. Dieses System hat sich seit unserer Kindheit immer weiter ausgebaut, etabliert und manifestiert. Dabei ist es ganz eng mit unseren Gefühlen verbunden. Wenn wir uns nach unserem Motivsystem richten, uns so verhalten, wie es dort geschrieben steht, fühlen wir uns zufrieden und glücklich. Und nicht nur das: Handlungen und Gedanken fallen uns leichter, wenn sie diesem Motivsystem entsprechen.

Unser Motivsystem wird von vier Aspekten gebildet: Werte, Einstellungen, Kompetenzen und Motive.

Sie wissen, dass Sie viel mehr Ausdauer und Engagement mitbringen, wenn Sie etwas wirklich wollen, weil es Ihren inneren Bedürfnissen oder Werten entspricht – und auch dies ohne große Mühe. Ihr Handeln wird Ihnen demnach umso leichter fallen, je mehr es Ihrem Motivsystem entspricht, weil dies für Sie mit angenehmen Gefühlen einhergeht.

Neben dem Motivsystem gibt es das Zielsystem. Das Zielsystem bezieht sich stärker auf den Verstand, das Wollen. Sie können Ziele formulieren, die durchaus vernünftig sind, sie müssen Ihnen aber noch lange keinen Spaß machen. Solche Ziele, die nicht mit Ihrem Motivsystem übereinstimmen, sind für Sie wahrscheinlich nicht so leicht zu erreichen. Sie benötigen dafür viel Energie und Disziplin – einen eisernen Willen. Die Frage ist, ob sich der Aufwand lohnt.

Stellen Sie sich dazu Folgendes vor: Sie haben sich nach langem Überlegen und Überprüfen Ihres Motivsystems dazu entschlossen, Arzt zu werden. Dieser Beruf, glauben Sie, kann Sie wirklich zufrieden stellen. Dazu müssen Sie nun Medizin studieren. Sie werden merken, dass es bestimmte Fächer gibt, die liegen Ihnen einfach, weil sie Ihren Fähigkeiten, Werten, Einstellungen oder Bedürfnissen entsprechen. Für diese Fachgebiete müssen Sie nicht allzu viel Kraft aufwenden. Andere Fächer fallen Ihnen schwerer, denn sie stimmen nicht mit Ihren naturgegebenen „Mitbringseln" überein. Bei diesen müssen Sie sich dann sehr anstrengen und vielleicht auch mehr Frustration ertragen. Dennoch sind diese ungeliebten Fächer hier wichtig, weil sie Sie zu einem wichtigen und erfüllenden Ziel bringen, nämlich Arzt zu sein.

Ziele, die mit dem Motivsystem übereinstimmen, sind leichter zu erreichen.

Bei einem solchen Verstandesziel sollten Sie sich demnach Folgendes fragen: Möchten Sie etwas, weil es Ihnen dabei hilft, Ziele zu erreichen, die mit Ihrem Motivsystem übereinstimmen? Oder verfolgen Sie etwas, das Sie nicht wirklich weiterbringt, weil auch die Konsequenzen nicht mit Ihrem Motivsystem übereinstimmen?

Um in der Lage zu sein, das erkennen zu können, müssen Sie erst einmal genau wissen, wie sich Ihr persönliches Motivsystem zusammensetzt. Was macht

Sie wirklich zufrieden, und womit können Sie die Entfaltung Ihrer Persönlichkeit tatsächlich erreichen? Was sind Ihre persönlichen Motive, Werte, Kompetenzen und Einstellungen?

Motive

Grundsätzlich kann man alles, was man tut, aus verschiedenen Gründen tun: Man kann etwas tun, weil man sich verpflichtet fühlt, und beispielsweise mit dem Liebsten am zweitägigen Betriebsausflug seiner Firma teilnehmen. Man kann etwas tun, weil man ansonsten negative Konsequenzen zu befürchten hätte, das ist z. B. für viele Schüler der Grund, warum sie für eine Arbeit letztlich doch lernen. Man kann etwas tun, weil man dafür gut bezahlt wird, das ist bei vielen Berufstätigen der Fall. Man kann auch etwas tun, weil man glaubt, keine andere Wahl zu haben. Das gilt z. B. für manche Skifahrer, die sich beim Anblick der schwarzen Piste und realistischer Einschätzung der eigenen Fähigkeiten aus Vernunftgründen lieber wieder mit dem Lift ins Tal bringen lassen sollten und sich dann doch auf Skiern hinunterstürzen. Und das nur, um sich nicht zu blamieren.

Um all diese Gründe geht es in diesem Kapitel nicht! Hier geht es darum, zu erkennen, was Sie aus tiefer innerer Motivation heraus tun – um Ihre Motive. Wenn die Freundin ein starkes Geselligkeitsmotiv hätte, würde sie sich schon seit Tagen auf den Betriebsausflug freuen. Es wäre keine Pflichtübung für sie. Wenn der Schüler aus Neugierde schon ein Buch zur Geschichte des Mittelalters gelesen hätte, dann müsste er für die Arbeit gar nicht mehr lernen bzw. empfände Freude daran, sein Wissen zu erweitern. Der Berufstätige hätte den Job vielleicht nicht nur wegen des Geldes angenommen, sondern auch, weil dieser – im Vergleich zu anderen Jobs – ihm Möglichkeiten einräumt, seine Leistungsgrenzen zu erweitern und zu testen. Und der Skifahrer hätte einen großen Bedarf nach Abwechslung und Abenteuer.

Ein Motiv ist letztlich nichts anderes als die treibende Kraft, die in uns steckt und hinter unseren Handlungen steht. Einmal aktiviert, beeinflusst diese Kraft unser Verhalten, Denken und Empfinden: „Sie sind motiviert, etwas zu tun ..." Das bedeutet nicht, dass wir nicht auch von außen dazu bewegt werden können, etwas zu tun. Sicherlich ist es wichtig, für seine Arbeit angemessen entlohnt zu werden. Manchmal muss man auch Dinge tun, die notwendig sind, aber nicht unbedingt Spaß machen – z. B. für ein unbeliebtes Schulfach lernen, damit man die Versetzung schafft. Aber es fällt uns leichter, wenn wir diese Aufgabe gerne machen. Und wenn wir ein erfülltes Leben führen möchten, reicht es nicht aus, nur von außen motiviert zu sein. Wir müssen von uns heraus, aus eigenem Antrieb, auch wollen, was wir tun. Dann erst können wir uns wirklich zufrieden und glücklich fühlen.

Motive sind die treibende Kraft in uns, sie äußern sich in bestimmten Bedürfnissen. Im alltäglichen Sprachgebrauch wird zwischen den beiden Begriffen nicht unterschieden.

Was genau ist ein Motiv?

Man kann sagen, dass ein Motiv eine Veranlagung ist, bestimmte Dinge in der Umwelt stärker wahrzunehmen, weil sie mit bestimmten Gefühlen verbunden sind. Aus dieser Veranlagung resultiert die Tendenz, bestimmte Situationen besonders zu suchen oder aber zu meiden. Motive sind demnach Handlungstendenzen, die dem Erreichen bestimmter Gefühlszustände dienen.

Beispielsweise wird jemand, der ein ausgeprägtes Leistungsmotiv hat, Situationen, in denen er seine Leistungen unter Beweis stellen kann, schneller erkennen als andere. Diese Situationen sucht er besonders, da er mit ihnen das Gefühl von Stolz auf erreichte Erfolge verbindet. Er entwickelt also bestimmte Verhaltensweisen, die sich aus seinem Motiv ergeben.

Woher kommen Motive?

Die Psychologie sagt, dass Motive angeboren sind und dass es auf die individuellen Lernerfahrungen in der Kindheit und die später gebildeten Werte ankommt, wie sich diese angeborenen Tendenzen ausprägen.

Ein Prinzip, nach dem der Mensch lebt, ist das der „Selbstverwirklichung". Das bedeutet, dass Menschen immer in irgendeiner Weise darum bemüht sind, sich selbst zu entfalten, zu entwickeln, zu erweitern und zu reifen. Dies kann sich unterschiedlich darstellen. Der eine wird von starker Neugier getrieben, der nächste versucht immer nach dem Optimum zu streben und wieder andere entwickeln sich am besten im Umgang mit anderen. Dieses Streben nach Selbstverwirklichung beschreibt die ichbezogene Seite im Menschen. Es bezieht sich auf die persönliche Entwicklung.

Ein anderes, ebenso wichtiges Prinzip des Menschen ist es dagegen, in einer Gemeinschaft zu leben und sich innerhalb dieser akzeptiert zu fühlen. Dies bedeutet nicht, dass der Mensch nie alleine sein möchte, sondern vielmehr dass er als Person angenommen wird und in Beziehung zu anderen treten kann. Dieses

Prinzip bezieht sich also auf die Gestaltung des sozialen Lebens eines Menschen.

Indem der Mensch als Kind Erfahrungen sammelt und diese bewertet, nach guten und schlechten Gefühlen, findet er langsam heraus, welche Erfahrungen er meiden und welche er suchen soll. Das bedeutet konkret: Er findet heraus, was ihm dabei hilft, die beiden Prinzipien „Selbstverwirklichung" und „Zugehörigkeit zu einer Gemeinschaft" miteinander zu verbinden. Aus diesen Erfahrungen kristallisieren sich bestimmte Verhaltenstendenzen heraus und bleiben über das Leben hinweg relativ stabil. Wie diese Tendenzen beim Einzelnen ausgeprägt sind, hängt davon ab, in welchem Ausmaß er dem einen oder anderen Prinzip gerecht werden will, welches Prinzip also mehr Bedeutung für ihn hat.

Die Tendenzen beeinflussen ständig unser Verhalten und unsere Entscheidungen. Fühle ich mich wohl, wenn ich etwas tue, werde ich es öfter tun. Fühle ich mich dagegen unwohl, werde ich solche Situationen und Handlungen lieber meiden.

Es hat Lena schon als Kind unheimlich stolz gemacht, wenn sie die anderen Kinder im Wettrennen schlagen konnte. Ihre Eltern haben sie in ihren Gefühlen bestärkt: „Da kannst du aber stolz auf dich sein", haben sie ihr immer wieder gesagt. Heute als Erwachsene ist dies nicht anders, wobei sie ihre Erfolge nicht mehr beim Wettrennen sucht. Benno hingegen begibt sich gern in Situationen, in denen er seine Kompetenz am Computer unter Beweis stellen kann. Da er sich in dem Bereich sehr gut auskennt, hat er auch die Kontrolle über den Ablauf und seine Ergebnisse.

Dieses Gefühl der Macht und Kontrolle über das Geschehen macht ihn so richtig zufrieden. Gabi fühlt sich besonders in ihrem Freundeskreis aufgehoben. Inmitten dieser Menschen verspürt sie tiefe Gefühle der Zuneigung. Darauf würde sie ungern verzichten, denn so fühlt sie sich erst wirklich wohl. All diese Verhaltensweisen sind Ergebnisse der Motive und Bedürfnisse, die – zusammen mit Werten, Einstellungen und Kompetenzen – zum Motivsystem des Einzelnen gehören.

Die eigenen Motive erkennen

Oft sind Motive und Bedürfnisse nicht bewusst. Um sie zu erkennen, muss man genau hinschauen und sich selbst aufmerksam beobachten. Hierzu haben wir einen Test entwickelt – nämlich den, den Sie zu Beginn bearbeitet haben. Dieser Test gibt Ihnen Hinweise auf Ihre Motive. Da er jedoch ein sprachliches Mittel ist, also auf bewussten Vorgängen und Gedanken beruht, können manche (unbewussten) Motive nicht mit Sicherheit erfasst werden. Der Test liefert jedoch eine erste Einschätzung und kann Sie zu weiteren Reflektionen und Erkenntnissen anregen.

Beim Erkennen unserer Bedürfnisse und Motive spielen Gefühle eine große Rolle. Sie können uns am zuverlässigsten darüber Auskunft geben, ob wir gerade nach etwas streben, das uns wirklich erfüllt, das uns tatsächlich etwas bedeutet. Es kann Ihnen dabei egal sein, ob Ihre Motive und somit Bestrebungen ursprünglich Erwartungen von außen – vielleicht von

Ihren Eltern oder Freunden – waren. Wichtig für Sie ist nur, welche echte Bedeutung die einzelnen Motive jetzt für Sie haben. Dabei können Erwartungen von außen durchaus mit Ihren eigenen Motiven übereinstimmen.

Auf den folgenden Seiten sind die einzelnen Motive, die Sie schon bei der Testauswertung kennen gelernt haben, ausführlicher beschrieben. Versuchen Sie, zu erspüren, was Sie beim Lesen empfinden. Erkennen Sie sich wieder? Fallen Ihnen Situationen ein, in denen Sie genauso waren oder in denen Sie gerne so gehandelt hätten, es aber nicht taten? Beachten Sie insbesondere Ihre Empfindungen und Ideen, wenn Sie sich dazu die Ergebnisse Ihrer Testauswertung ansehen (siehe Seite 39). Haben Sie das Gefühl, die Beschreibungen treffen auf Ihr Verhalten zu? Freut oder ärgert Sie die Beschreibung? Lesen Sie die nächsten Seiten also mit besonderem Augenmerk auf Ihre Empfindungen. Sie werden sehen, dass Sie dadurch schneller erkennen, welche Motive Ihnen wichtig sind, welche Sie leben und welche Sie bisher vernachlässigt haben.

Bei der Beschreibung der einzelnen Motive sollten Sie noch einmal in sich hineinhören: Erkennen Sie sich selbst wieder? Oder sehen Sie einen Menschen, der Sie gerne wären oder den andere in Ihnen sehen?

Neugier

Bestimmt hat der eine oder andere von Ihnen einen Bekannten schon einmal dabei ertappt, allzu penetrant etwas von Ihnen erfahren zu wollen, was Sie jedoch nicht preisgeben wollten. Möglicherweise haben Sie sich dabei im Stillen gedacht: „Meine Güte, ist der- oder diejenige aber neugierig.“ Was hier eher negativ verstanden wird, ist nur ein Teilaspekt des Neugiermotivs. Zwar zeigt auch dieses Beispiel den Drang, etwas

Neues zu erfahren, Neugier meint hier jedoch ein viel breiter gefasstes Wissensbedürfnis – das Bedürfnis, Neues zu erkunden und zu erfahren.

Neugier ist ein wichtiges Motiv, das auch im Tierreich anzutreffen ist: So kann man beispielsweise Affen beobachten, wie sie unermüdlich ihre Umgebung erkunden, obwohl keine Belohnung in Sicht ist – es macht ihnen einfach Spaß. Es wurde beobachtet, wie ein Affe sich zwei Stunden lang bemühte, das Schloss einer Kiste zu öffnen, in der Nüsse aufbewahrt wurden, obwohl zahlreiche Nüsse in seiner direkten Umgebung lagen. Evolutionsbiologisch gesehen hat die Existenz eines solchen Motivs von Geburt an auch einen Sinn, da es überlebenswichtig sein kann, seine Umgebung und die darin vorhandenen Möglichkeiten genau zu kennen. Nicht zuletzt haben die Neugier des Menschen, sein Wissensdurst und sein Bedürfnis nach immer neuen Erfahrungen den wissenschaftlichen Fortschritt erst ermöglicht.

Menschen mit ausgeprägtem Neugiermotiv sind neuen Dingen gegenüber aufgeschlossen und zeigen sich experimentierfreudig. Sie haben zudem einen „Forscherdrang“, probieren gern Dinge aus und wollen „hinter die Dinge kommen“ – sie wollen also Ursachen und Hintergründe erkennen. Eine niedrigere Ausprägung des Neugiermotivs heißt nicht, dass jemand solche Tendenzen gar nicht zeigt, sondern vielmehr, dass er dies in weniger starkem Ausmaß und bei weniger Gelegenheiten tut. Dazu kommt, dass für Personen mit einem weniger starken Neugiermotiv Neues und Unvorhergesehenes nicht besonders aufregend und spannend ist, sondern das Abweichen von

Vertrautem eher Unsicherheit und Unwohlsein mit sich bringt. Ein stark ausgeprägtes Neugiermotiv kann jedoch auch dazu führen, dass einem schnell langweilig wird und man daher fortwährend auf der Suche nach neuen Erfahrungen ist.

Schreiben Sie auf, was Sie empfinden, wenn Sie das Motiv Neugier in Bezug auf Ihre Persönlichkeit betrachten.

Neugier
Stimmt Ihr Gefühl mit dem Testergebnis überein?
In welchen Situationen/zu welchen Themen befriedigen Sie Ihre Neugier?
Sind Sie zufrieden damit, in welchem Ausmaß Sie Ihre Neugier ausleben?

Geselligkeit

Wir sind soziale Wesen, die ihre Befriedigung zu einem Großteil von anderen Menschen erhalten. Wir treten Vereinen bei, bilden Stammtischrunden etc. Wir strengen uns an, Freundschaften und Bekanntschaften zu schließen, da uns das Zusammensein mit anderen Menschen wichtig ist. Obwohl dieses Motiv bei allen Menschen vorhanden ist, ist der Drang nach Nähe und Kontakt zu anderen doch unterschiedlich ausgeprägt.

Gesellige Personen haben ein starkes Bedürfnis nach sozialem Anschluss und suchen aktiv den Kontakt zu anderen Menschen. Für sie ist es erstrebenswert, neue Bekanntschaften zu schließen und bereits bestehende zu pflegen und aufrecht zu erhalten. Wenig gesellige Personen haben hingegen nur ein geringes Bedürfnis nach Anschluss. Das kann dadurch begründet sein, dass sie Angst vor Ablehnung und Zurückweisung haben. Es kann aber auch sein – und das ist mit dem Anschlussmotiv gemeint –, dass sie einfach andere Interessen haben, z. B. lieber ein Buch lesen oder mehr Kraft aus dem Alleinsein schöpfen. Dann werden gesellschaftliche Anlässe und Feierlichkeiten eher als lästig empfunden und entsprechend gemieden.

Auch hier hat jede Ausprägung ihre Schatten- und Sonnenseiten: Sehr gesellige Personen haben oft Schwierigkeiten, allein zu sein, während sehr ungesellige Personen sich möglicherweise zu Hause „einigeln" und zu wenig Kontakt zur Außenwelt und zu ihren Mitmenschen haben.

Schreiben Sie auf, was Sie empfinden, wenn Sie das Motiv Geselligkeit in Bezug auf Ihre Persönlichkeit betrachten.

Geselligkeit
Stimmt Ihr Gefühl mit dem Testergebnis überein?
In welchen Situationen/mit welchen Personen befriedigen Sie Ihr Bedürfnis nach Geselligkeit?
Sind Sie zufrieden damit, in welchem Ausmaß Sie Ihr Bedürfnis nach Geselligkeit ausleben?

Macht

Das Machtmotiv kennzeichnet das Bedürfnis, andere Menschen zu beherrschen und zu steuern. Im Allgemeinen spricht man von Macht immer dann, wenn jemand in der Lage ist, einen anderen zu veranlassen, etwas zu tun, was er sonst nicht tun würde. Macht bedeutet, innerhalb einer sozialen Beziehung den eigenen Willen auch gegen Widerstände durchzusetzen.

Menschen mit einem hohen Machtmotiv vertreten klar den eigenen Standpunkt. Oftmals übernehmen sie in einer Gruppe die Führung und überwachen und lenken die Handlungen anderer. Dabei kann es natürlich zu Konflikten kommen, weshalb Personen mit einem ausgeprägten Machtmotiv auch eine hohe Konfliktbereitschaft benötigen. Eine niedrige Ausprägung geht hingegen meist mit einer niedrigen Konfliktbereitschaft einher – Harmonie und Respekt vor der Selbstbestimmung der anderen wird als erstrebenswerter erachtet als das kompromisslose Durchsetzen der eigenen Ziele und Vorstellungen. Allerdings kann eine geringe Machtmotivation auch darin begründet sein, dass man sich nicht traut, Konflikte einzugehen, oder über geringe Durchsetzungsfähigkeiten verfügt.

Wer den eigenen Willen auch gegen Widerstände durchsetzen kann, der besitzt Macht. Dafür ist in der Regel eine hohe Konfliktbereitschaft notwendig.

Der Begriff Macht hat oftmals einen unsympathischen Beiklang: Er birgt Assoziationen wie Führer und Untergebener, Manipulation, Ausnutzung, Ausbeutung, Versklavung usw. Doch Macht und das Motiv, Macht zu haben, sind nicht nur negativ zu bewerten, sondern sogar äußerst notwendig für viele Bereiche unseres Lebens: Macht zu haben, bedeutet auch, schützen zu können. Die Macht unserer Eltern äußert sich in der Fürsorge, die unsere Kindheit sichert. Ebenso stellen Personen der Exekutive sicher, dass die für unsere Gesellschaft wichtigen Normen und Gesetze aufrechterhalten werden.

Das Bedürfnis, Macht und Einfluss auszuüben, kann unterschiedliche Gründe haben. Wer Macht ausübt, kann damit das Selbstwertgefühl steigern, er kann dies aber auch im Dienst einer „guten Sache“ tun, zum Wohle einer Gruppe, Organisation etc. Es liegt im Auge des

Betrachters, was als negative oder positive Form der Machtausübung angesehen wird. Das Sprichwort „gleich und gleich gesellt sich gern" scheint hinsichtlich des Machtmotivs nicht zu passen. Untersuchungen zeigen: Je höher das Machtbedürfnis der Männer, desto niedriger ausgeprägt ist das Karrierestreben der Ehefrau. Auch üben Menschen nicht in allen Lebensbereichen gleich viel oder wenig Macht aus. Dies kann sich beispielsweise im privaten Bereich, im Beruf und in der Öffentlichkeit (Verein, politische Gruppierung) unterscheiden.

Schreiben Sie auf, was Sie empfinden, wenn Sie das Motiv Macht in Bezug auf Ihre Persönlichkeit betrachten.

Macht
Stimmt Ihr Gefühl mit dem Testergebnis überein?
In welchen Situationen/zu welchen Themen befriedigen Sie Ihr Bedürfnis nach Macht und Einfluss?
Sind Sie zufrieden damit, in welchem Ausmaß Sie Ihr Machtmotiv ausleben?

Gestaltung

Dieses Motiv bezieht sich auf das Bedürfnis, Prozesse und Strukturen nach eigenen Vorstellungen gestalten zu wollen. Menschen mit stark ausgeprägtem Gestaltungsmotiv sind „Macher", also Menschen, die viel bewegen wollen. Sie streben danach, aktiv auf ihre Umgebung einzuwirken und diese nach ihren Wünschen und Vorstellungen zu gestalten. Eigene Ideen zur Verbesserung von Prozessen und Strukturen und somit zur Beseitigung von subjektiv erlebten Missständen werden engagiert verfolgt und auch gegen Widerstände durchgesetzt. Diese Menschen werden durch Tätigkeiten motiviert, die ihnen die notwendigen Freiräume bieten, damit sie ihre eigenen Auffassungen verwirklichen können. Im beruflichen Kontext könnten dies z. B. Umstrukturierungsmaßnahmen oder neue Projekte sein, wenn Altbewährtes nicht mehr greift und es neue Wege einzuschlagen oder neue Prozesse zu gestalten gilt. Die Möglichkeit, ihr Gestaltungsmotiv zu befriedigen, ist für diese Personen ein großer Anreiz für beruflichen Erfolg und Zufriedenheit. Aber auch hier gibt es eine Kehrseite der Medaille: Manchmal schießen Personen mit einem sehr ausgeprägten Gestaltungsmotiv auch über das Ziel hinaus und suchen selbst bei Dingen, mit denen die meisten völlig zufrieden sind, nach Alternativen. Dies kann zur Folge haben, dass das Umfeld ihren ständigen Veränderungsdrang nicht immer mit Wohlwollen betrachtet.

Personen mit niedrig ausgeprägtem Gestaltungsmotiv neigen eher dazu, bestehende Verhältnisse zu akzeptieren, sie möchten Altbewährtes beibehalten.

Sie streben nach Kontinuität und Wahrung der bestehenden Zustände. Wenn Veränderungen anstehen, ist ihnen die Möglichkeit der eigenen Einflussnahme, z. B. das Einbringen eigener Vorschläge, kein besonderes Anliegen. Sie können sich daher gut in bestehende Strukturen einfügen und innerhalb dieser Vorgaben agieren. Dies hat zur Folge, dass sie wenig Eigeninitiative zeigen, um Veränderungen anzuregen. Auch bei Dingen, die sie vielleicht selbst als störend empfinden, investieren Sie kaum Energie in eine Veränderung. Gering gestaltungsmotivierte Personen leisten besonders viel in ihrem Beruf und sind zufrieden mit ihrer Arbeit, wenn ihre Tätigkeiten eine starke Anpassung an Gegebenheiten erfordern. Ihr Privatleben ist durch die Wahrung bestimmter Traditionen und Rituale geprägt.

Schreiben Sie auf, was Sie empfinden, wenn Sie das Motiv Gestaltung in Bezug auf Ihre Persönlichkeit betrachten.

Gestaltung
Stimmt Ihr Gefühl mit dem Testergebnis überein?
In welchen Situationen/zu welchen Themen befriedigen Sie Ihr Bedürfnis nach Gestaltung?
Sind Sie zufrieden damit, in welchem Ausmaß Sie Ihr Gestaltungsmotiv ausleben?

Leistung

Wenn Sie an eine Person mit einem hoch ausgeprägten Leistungsmotiv denken, fällt Ihnen möglicherweise als erstes der negativ besetzte Begriff „Streber" ein – ein Schüler, der sich vor den Lehrern in ein positives Licht rücken will. In diesem Fall würde man einer hoch leistungsmotivierten Person Unrecht tun – ihr Leistungsstandard orientiert sich nämlich nicht an anderen Menschen, sondern nur an ihrem persönlichen Maßstab. Solche Personen wollen immer ihr Bestes geben, um erfolgreich zu sein. Sie empfinden es als Herausforderung, schwierige Aufgaben zu meistern, die Geschick und Anstrengung erfordern. Daher suchen sie vermehrt Situationen, in denen Leistung gefordert ist, und empfinden große Genugtuung dabei, bis an ihre Grenzen zu gehen. Sie versuchen oftmals, zuvor Erreichtes noch zu überbieten.

Menschen mit ausgeprägtem Leistungsmotiv orientieren sich nicht an anderen, sondern setzen sich ihre eigenen hohen Maßstäbe.

Wenig leistungsmotivierte Menschen legen die Leistungsmesslatte nicht allzu hoch. Aufgaben werden mit dem zur adäquaten Lösung nötigen Engagement erledigt – Engagement über dieses Maß hinaus wird jedoch nicht erbracht. Sie legen ihre Priorität demnach nicht auf Leistungssteigerung, sondern auf das Erreichen eines durchschnittlichen Leistungsniveaus.

Das Leistungsmotiv wird in der Kindheit entwickelt und hauptsächlich durch die kulturelle und elterliche Betonung von Leistung bestimmt. Diese Werte werden in der kulturellen Sozialisation auf die Kinder übertragen. Eine Studie konnte zeigen, dass Mütter, die selbst eine hohe Ausprägung des Leistungsmotivs zeigten, sich ihren Kindern gegenüber anders verhielten als

Mütter mit niedriger ausgeprägtem Leistungsmotiv. Erstere verlangten z. B., dass ihre Kinder in einem früheren Alter unabhängig wurden.

Leistungsunterschiede bei Personen mit gleicher Intelligenz können durch ein unterschiedliches Leistungsbedürfnis verursacht sein. Untersuchungen zeigen, dass Menschen mit hohem Leistungsbedürfnis in der Schule besser abschneiden als Menschen mit niedrigem Leistungsbedürfnis. Ebenso kommen Menschen mit einem sehr ausgeprägten Bedürfnis nach Leistung weiter voran als Menschen, bei denen dieses Bedürfnis weniger ausgeprägt ist, auch wenn beide die gleiche Ausbildung und die gleichen Aufstiegschancen besitzen. Das Bedürfnis nach Leistung hat also weniger unmittelbar mit der Intelligenz zu tun, sondern hat vielmehr Einfluss auf den Grad der Anstrengung, welcher in das Lösen einer Aufgabe investiert wird. Zu berücksichtigen ist allerdings auch, dass sich schulische Situationen stark von beruflichen unterscheiden. Während in Schulen ein eng definierter Leistungsstandard vorgegeben wird, zeichnen sich berufliche Situationen oftmals durch eine höhere Unstrukturiertheit aus. Gerade diese Unstrukturiertheit kann das Leistungsmotiv einer Person aktivieren. Dies mag erklären, warum einige Menschen im Berufsleben plötzlich überdurchschnittliche Leistungen erbringen, obwohl sie eher mittelmäßige Schüler waren.

Schreiben Sie auf, was Sie empfinden, wenn Sie das Motiv Leistung in Bezug auf Ihre Persönlichkeit betrachten.

Leistung
Stimmt Ihr Gefühl mit dem Testergebnis überein?
In welchen Situationen/zu welchen Themen befriedigen Sie Ihr Bedürfnis nach Leistung?
Sind Sie zufrieden damit, in welchem Ausmaß Sie Ihr Leistungsmotiv ausleben?

Uneigennützigkeit

Spontane Assoziationen zu dem Wort Uneigennützigkeit führen möglicherweise zu der Bezeichnung „guter Samariter" und dem totalen Egoisten als Gegenpart. Uneigennützigkeit bezeichnet das Motiv, anderen Personen zu helfen, für sie da zu sein und deren Entwicklung selbstlos zu fördern. Uneigennützige Menschen legen das Hauptaugenmerk auf das Wohlergehen anderer, während eigennützige Personen eher nach dem eigenen Vorteil streben. Kennzeichnend für das Motiv Uneigennützigkeit ist das Einfühlen in die

Bedürfnislage des anderen. Uneigennützige Menschen fühlen sich besonders wohl, wenn sie anderen helfen und diese unterstützen können. Dieses positive Gefühl befähigt sie dazu, ihre Kräfte für andere einzusetzen. Allerdings brauchen auch uneigennützige Personen Atempausen, in denen sie sich erholen können. Sie sollten daher nicht vergessen, auch auf ihre eigenen Bedürfnisse zu achten. Dagegen sehen Personen mit wenig ausgeprägter Uneigennützigkeit es als Zeichen von Schwäche, Hilfeleistungen in Anspruch zu nehmen, und empfinden die Fähigkeit, sich selbst aus einer misslichen Lage zu befreien, als Zeichen von Stärke. Daher bereitet es ihnen auch keine besondere Freude, andere zu unterstützen oder selbst Hilfe zu empfangen.

Es wird vielfach diskutiert, ob hinter uneigennützigen Hilfeleistungen nicht in Wahrheit ganz egoistische Bedürfnisse stehen, ob es nicht dem Helfenden in erster Linie um die Dankbarkeit des anderen geht, um ein Lob der Mitmenschen oder um sein Gefühl der Überlegenheit dem Schwächeren gegenüber. Inwieweit dies oder ein tiefes Mitfühlen hinter seinem Verhalten steht, kann nur der Einzelne für sich beantworten.

Schreiben Sie auf, was Sie empfinden, wenn Sie das Motiv Uneigennützigkeit in Bezug auf Ihre Persönlichkeit betrachten.

Uneigennützigkeit
Stimmt Ihr Gefühl mit dem Testergebnis überein?
In welchen Situationen/zu welchen Themen befriedigen Sie Ihr Bedürfnis nach Uneigennützigkeit?
Sind Sie zufrieden damit, in welchem Ausmaß Sie Ihr Motiv der Uneigennützigkeit ausleben?

Autonomie – Selbstbestimmung

„Ich will mein eigener Herr sein." Das bedeutet nichts anderes, als dass man über sein Leben selbst bestimmen und nicht in all seinen Handlungen und Entscheidungen von der Zustimmung anderer abhängig sein möchte. Wer sein eigener Herr ist, besitzt Kontrolle über das eigene Leben und ist nicht Spielball der Umstände. Personen, die ein starkes Bedürfnis nach Autonomie haben, arbeiten gern selbstständig und eigenverantwortlich. Es behagt ihnen nicht, in ihrer Entscheidungsfreiheit beispielsweise durch Vorgesetzte eingeschränkt zu werden. Wer großen Wert auf Selbstbestimmung legt, hat Freude daran, Aufgaben mit wenig Vorgaben zu bearbeiten. Obwohl diese Aufgaben zum Teil Verunsicherung auslösen und das Fehlerrisiko höher ist, fühlen sich diese Personen dadurch nicht besonders belastet. Außerdem hat Unabhängigkeit höchste Priorität.

Dagegen setzen Personen mit einem geringeren Autonomiebedürfnis andere Prioritäten. Sie bearbeiten gerne Aufgaben, deren Arbeitsschritte klar gegliedert sind. Sie legen großen Wert darauf, ihre Entscheidungen und Meinungen mit denen anderer abzugleichen. Ihnen bedeutet es nicht besonders viel, eine Entscheidung selbst getroffen zu haben. Bei zu viel Eigenverantwortung verspüren Menschen, die weniger Wert auf Selbstbestimmung legen, eher Unsicherheiten. Es macht ihnen nicht viel aus, in ihrem Handeln von anderen Personen abhängig zu sein. Teamwork ist ihnen daher meistens angenehm.

Schreiben Sie auf, was Sie empfinden, wenn Sie das Motiv Autonomie in Bezug auf Ihre Persönlichkeit betrachten.

Autonomie – Selbstbestimmung
Stimmt Ihr Gefühl mit dem Testergebnis überein?
In welchen Situationen/zu welchen Themen befriedigen Sie Ihr Bedürfnis nach Autonomie?
Sind Sie zufrieden damit, in welchem Ausmaß Sie Ihr Autonomiemotiv ausleben?

Status

Sie kennen das sicherlich: Jemandem, der sich Professor nennt, hört man genauer zu, und ihm glaubt man auch eher. Ein Geschäftsmann, der ein teures Auto fährt, muss sehr erfolgreich sein und wird daher häufig bewundert. Richter, Pfarrer, Ärzte werden schon allein aufgrund ihrer wichtigen Funktion besonders gewürdigt. Soziale Anerkennung, gesellschaftliches Ansehen und Prestige bestimmen den Status einer Person. Hinzu kommen sichtbare Statussymbole, welche die soziale Stellung verraten können, z. B. das teure Auto, die Rolex oder auch bestimmte Kleidungsstücke wie der Arztkittel, die Richterrobe ... Wie wichtig der Status für eine Person ist, ist individuell unterschiedlich. Der eine sucht sich seinen Beruf gezielt nach dem damit verbundenen Ansehen aus, der andere denkt nicht eine Sekunde über Ansehen nach.

Menschen mit einem hohen Bedürfnis nach Status überlegen bei ihren Aktivitäten häufig, wie diese sich auf ihr Bild in der Gesellschaft auswirken könnten. Ihnen ist es besonders wichtig, von anderen anerkannt zu werden und damit auch ein gewisses Maß an Einfluss zu gewinnen. Sie sind daher bereit, viel Zeit und Energie zu investieren, wenn es ihrem Ansehen förderlich ist. Dies kann im Extremfall so weit gehen, dass die eigenen Wünsche und Bedürfnisse völlig beiseite geschoben werden und die Person sich von den Bewertungen der Gesellschaft abhängig macht.

Personen mit einem geringen Bedürfnis nach Status streben nicht aktiv danach. Gesellschaftliche Anerkennung ist ihnen zwar nicht unangenehm, sie hat aber keine hohe Priorität in ihrem Leben. Es würde solchen Personen nicht in den Sinn kommen, ihre Ziele, Wünsche und Anstrengungen nach den Bewertungen der Gesellschaft zu richten. So verzichten sie zugunsten ihrer persönlichen Interessen auch auf den sozialen Einfluss, der mit einem höheren Status einher ginge.

Schreiben Sie auf, was Sie empfinden, wenn Sie das Motiv Status in Bezug auf Ihre Persönlichkeit betrachten.

Status
Stimmt Ihr Gefühl mit dem Testergebnis überein?
In welchen Situationen/zu welchen Themen befriedigen Sie Ihr Bedürfnis nach Status?
Sind Sie zufrieden damit, in welchem Ausmaß Sie Ihr Statusmotiv ausleben?

Wettbewerb

Bei Wettbewerb denkt man meist an sportliche Wettkämpfe, doch hier ist der Begriff weiter gefasst. Das Bedürfnis nach Wettbewerb bezieht sich auf den Wunsch, sich mit anderen zu messen und dabei besser abzuschneiden. Personen mit hohem Wettbewerbsbedürfnis lieben es, sich in Konkurrenzsituationen gegen andere zu behaupten. Sie suchen diese Situationen bewusst und fürchten sich nicht vor der Konfrontation oder vor einem möglichen Versagen. Dadurch sind sie in der Lage, vor anderen ihr Können und ihre Fähigkeiten unter Beweis zu stellen. Gerade Führungskräfte und Firmenchefs sind gezwungen, sich auf dem Markt gegen die Konkurrenz durchzusetzen. Ein hohes Bedürfnis nach Wettbewerb kann aber auch dazu führen, dass auch dann noch Konkurrenzkämpfe angezettelt werden, wenn diese nicht angebracht sind – beispielsweise bei der Arbeit im Team.

Menschen mit geringen Wettbewerbsbedürfnissen schätzen das harmonische Zusammenleben mit ihren Zeitgenossen. Sie neigen dazu, Wettbewerbssituationen aus dem Weg zu gehen und empfinden es eher als belastend, mit anderen konkurrieren zu müssen. Sie eignen sich daher sehr gut für Teamarbeit. Durch ihre geringe Wettbewerbsorientierung verpassen solche Personen allerdings manchmal auch die Chance, sich und ihre Ideen durchzusetzen.

Schreiben Sie auf, was Sie empfinden, wenn Sie das Motiv Wettbewerb in Bezug auf Ihre Persönlichkeit betrachten.

Wettbewerb
Stimmt Ihr Gefühl mit dem Testergebnis überein?
In welchen Situationen/zu welchen Themen befriedigen Sie Ihr Bedürfnis nach Wettbewerb?
Sind Sie zufrieden damit, in welchem Ausmaß Sie Ihr Bedürfnis nach Wettbewerb ausleben?

Fassen Sie Ihre Bedürfnisse zusammen

Nachdem Sie nun alle Motive für sich selbst überprüft haben, können Sie die wichtigsten Ergebnisse hier zusammenfassen. Nehmen Sie sich etwas Zeit, und beantworten Sie die beiden folgenden Fragen.

Ihre persönlichen Bedürfnisse
Welche Bedürfnisse sind Ihnen insgesamt besonders wichtig?
Welchen Bedürfnissen wollen Sie zukünftig einen größeren Raum in Ihrem Leben geben?

Werte

Jeder Mensch hat im Laufe seines Lebens für sich Werte entwickelt, die maßgeblich durch externe, z. B. gesellschaftliche oder religiöse Einflussnahme geformt werden. Diese Werte sind tief verwurzelt und werden von uns als für unser Leben bedeutsam akzeptiert. An ihnen können wir uns in komplexen Situationen orientieren. Sie dienen sozusagen als Leitfaden, an dem wir – neben unseren Motiven und Einstellungen – unser Leben ausrichten. Unsere persönlichen Werte sind zunächst einmal abstrakte Vorstellungen davon, was wünschenswert ist, und sie bestimmen wesentlich unser tägliches Handeln und beeinflussen unser Wohlbefinden. Sie sind nicht auf einzelne Situationen beschränkt, sondern eignen sich in jeder Lebenslage als Wegweiser. Daher fühlen wir uns in Situationen, in denen wir gezwungen sind, gegen unsere Werte zu handeln, unzufrieden und sind nicht glücklich. Sicherlich haben auch Sie schon einmal gegen Ihre persönlichen Werte gehandelt und sich dabei sehr unwohl gefühlt. So fällt es z. B. Leuten, denen Harmonie sehr wichtig ist, schwer, anderen kritisches Feedback zu geben, weil sie für einen kurzen Augenblick das harmonische Verhältnis zum anderen aufgeben müssen. Handeln wir jedoch gemäß unserer Werte, so ist dieses Handeln oft von der Gewissheit begleitet, „das Richtige getan zu haben". Wir zweifeln weniger an der Handlung und fühlen uns zufrieden. Der Einzelne kann sein tägliches Handeln darauf ausrichten, seine persönlichen Werte zu erreichen und so langfristig ein zufriedeneres und glücklicheres Leben zu führen.

Sich nach seinen Werten zu richten, heißt nicht immer, den einfacheren Weg zu gehen. Bleiben wir bei dem oben genannten Beispiel. Vielleicht ist es tatsächlich notwendig, der anderen Person zu sagen, dass man mit ihrem Verhalten nicht einverstanden ist. Der kürzeste Weg wäre es, ihr dies direkt und unverblümt zu sagen. Der Weg, den mir mein Wunsch nach Harmonie vorschlägt, erfordert mehr. Ich nehme mir Zeit, um mit der Person in Ruhe zu reden, wähle meine Worte mit Bedacht, damit ich sie keinesfalls unnötig verletze und muss dann möglicherweise helfen, neue Lösungen zu suchen. Es ist also ein erheblich größerer Zeit- und Kraftaufwand notwendig, dennoch werde ich mich hinterher besser fühlen.

Wer sich gemäß seinen persönlichen Werten verhält, wird auf Dauer zufrieden und glücklich.

Sie sehen, es bedeutet noch nicht viel, Werte zu haben. Sie gewinnen erst an Bedeutung, wenn sie auch gelebt werden. Erst dann erfahren wir die Zufriedenheit und Freude, die damit verknüpft sind, wenn wir uns in Harmonie mit unserem Wertesystem befinden.

Erkennen Sie Ihre Werte

Die folgende Übung wird Ihnen helfen, Ihre Werte zu erkennen. Außerdem können Sie sich im Rahmen dieser Übung darüber klar werden, wie wichtig die einzelnen Werte in Ihrem persönlichen Gesamtwertesystem sind.

Lesen Sie die nachstehend aufgelisteten Wünsche in aller Ruhe durch, und entscheiden Sie sich dann für mindestens vier und maximal zwölf Wünsche. Bedenken Sie dabei, dass jeder dieser Wünsche mit einem Wert in Verbindung steht und ein Mensch nur wenige Werte besitzen und nach ihnen leben kann. Wählen Sie daher sorgfältig aus. Markieren Sie in der linken Spalte die Nummern der ausgewählten Wünsche.

In einem zweiten Schritt bewerten Sie die markierten Wünsche mit der Anzahl der Punkte, die Ihnen dieser Wunsch wert ist und tragen diesen Wert in die rechte Spalte ein. Dabei dürfen zwei Werte nicht dieselbe Anzahl an Punkten erhalten. Insgesamt stehen Ihnen 150 Punkte zur Verfügung.

	Das ist mir wertvoll	**Punkte**
1	Mit guten Freunden Freud und Leid teilen	
2	Abläufe effizienter gestalten	
3	Von anderen unabhängig sein	
4	Sehr viel Geld und Güter besitzen	
5	Anderen gegenüber liebenswürdig und hilfsbereit sein	
6	Den Sinn des Lebens erfahren	
7	Sich auf die wirklich wichtigen Dinge beschränken	
8	Ungerechtigkeiten in meinem Umfeld angehen und beseitigen	
9	Sich um einen ehrlichen Standpunkt bemühen	

	Das ist mir wertvoll	Punkte
10	Im Einklang mit den Menschen sein	
11	Bei allem, was man tut, sein Bestes geben	
12	Anerkennung auf einem für mich interessanten Gebiet erlangen	
13	Die positiven Seiten des Lebens erkennen	
14	Die Vollkommenheit der Natur wahrnehmen	
15	Andere Menschen auf ein gemeinsames Ziel hin lenken	
16	Jeden Tag etwas über das Leben lernen	
17	Bis ins Alter hohe Lebenskraft erhalten	
18	Anerkennen, dass jeder Mensch seine eigenen Entscheidungen treffen darf	
19	Sich anderen Menschen tief verbunden fühlen	
20	Sich auf seine Mitmenschen verlassen können	
21	Kontakt zu engen Freunden pflegen	
22	Aufgaben bis zur Vollkommenheit perfektionieren	
23	Die Möglichkeit, sein Leben selbst bestimmen zu können	
24	Genügend Wohlstand für ein sorgenfreies Leben	
25	Hilfebedürftige tatkräftig unterstützen	
26	Erkennen, was hinter den Dingen steht	

	Das ist mir wertvoll	Punkte
27	Ein einfaches Leben, unabhängig von Technik und Kommerz führen	
28	Die Schwierigkeiten des Alltags beherzt meistern	
29	Mit anderen Menschen fair umgehen	
30	Ein Leben im Einklang mit der Umwelt führen	
31	Auch unangenehme Dinge kraftvoll zu Ende bringen	
32	Von vielen Menschen für seine Leistungen bewundert werden	
33	Sich auch an den kleinen Dingen des Lebens erfreuen	
34	In einem vollendet gestalteten Umfeld leben	
35	In einer Position sein, in der man den Lauf der Dinge beeinflussen kann	
36	Lebensklugheit erlangen	
37	Aktiv das eigene Leben gestalten	
38	Verständnis für unterschiedliche Persönlichkeiten aufbringen	
39	Anderen Wertschätzung und Wärme schenken	
40	Für andere ein vertrauenswürdiger und verlässlicher Partner sein	

Jeweils zwei Aussagen sind Ausprägungen eines Wertes, dieser ist in der folgenden Tabelle aufgelistet. Bitte übertragen Sie nun die vergebene Anzahl von Punkte in diese Tabelle. Sollten Sie sich für beide Ausprägungen eines Wertes entschieden haben, dann addieren Sie die Punktzahlen. Zum Schluss bringen Sie die einzelnen Werte anhand der Summen in eine Rangfolge.

Aussage	Wert	Punkte	Punkte	Summe	Rang
1 / 21	Freundschaft				
2 / 22	Optimierung				
3 / 23	Autonomie				
4 / 24	Materielle Güter				
5 / 25	Menschlichkeit				
6 / 26	Erkenntnis				
7 / 27	Einfachheit				
8 / 28	Mut				
9 / 29	Fairness				
10 / 30	Harmonie				
11 / 31	Leidenschaft				
12 / 32	Ansehen				
13 / 33	Freude				
14 / 34	Schönheit				
15 / 35	Einfluss				

Aussage	Wert	Punkte	Punkte	Summe	Rang
16 / 36	Weisheit				
17 / 37	Vitalität				
18 / 38	Toleranz				
19 / 39	Liebe				
20 / 40	Verlässlichkeit				

Entdecken Sie weitere persönliche Werte

Um noch weitere Werte zu entdecken, die für Ihr Leben bedeutsam sind, rufen Sie sich bitte wichtige Entscheidungen in Erinnerung, die Sie in den letzten Jahren getroffen haben. Analysieren Sie für jede Situation, welcher Wert letztlich den Ausschlag für Ihre Entscheidung gegeben hat.

Wichtige Entscheidungen der letzten Jahre
Situation: Alternativen: Wert:
Situation: Alternativen: Wert:
Situation: Alternativen: Wert:

Wie haben Sie sich danach gefühlt? Wie würden Sie heute entscheiden? Wollen Sie diesen Werten auch zukünftig eine Bedeutung in Ihrem Leben geben?

Überlegen Sie, was Sie an anderen Personen bewundern oder worum Sie diese beneiden.

Erstrebenswerte Werte, die ich an anderen sehe

Stellen Sie nun Ihre persönliche Werteliste zusammen. Sie setzt sich zusammen aus den oben ermittelten Werten, die einen hohen Rang einnehmen, und Ihren zusätzlich gefundenen Werten.

Meine wichtigsten Werte
1.
2.
3.
4.
5.
6.

Werte umsetzen

Die eigenen Werte zu kennen, ist nur der erste Schritt. Entscheidend ist, dass es Ihnen möglichst häufig gelingt, diese Werte mit Ihrem Verhalten auch umzusetzen. Nennen Sie eine konkrete Situation, in der Sie ganz klar nach einem dieser Werte gehandelt haben, und beschreiben Sie diese in Stichworten.

Situation, in der ich nach meinen Werten gehandelt habe

Wie haben Sie sich danach gefühlt? Ein Verhalten in Übereinstimmung mit den eigenen Werten hinterlässt ein angenehmes Gefühl. Rufen Sie sich dieses gute Gefühl in Erinnerung, es kann wie ein innerer Kompass wirken.

Überlegen Sie nun, ob Sie einige Werte aus Ihrer Werteliste bisher erst wenig umgesetzt haben. Um welche Werte handelt es sich?

Bisher wenig umgesetzte Werte

Woran könnte das gelegen haben, dass Sie diese Werte nicht umgesetzt haben? Sind Ihnen diese Werte wirklich wichtig, oder glauben Sie nur, dass sie Ihnen wichtig sein müssten? Manchmal gerät man in die Versuchung, Werte als die eigenen zu identifizieren, weil sie in der Gesellschaft eine sehr hohe Akzeptanz haben. Nehmen wir z. B. den Wert Optimierung. Sicherlich würde kaum jemand behaupten, dass es ihm nicht am Herzen liegt, dass alles immer besser wird. Aber zwischen einem globalen Wert und einem individuellen Wert besteht ein Unterschied. Überprüfen Sie Ihre obige Auflistung daraufhin bitte noch einmal. Möchten Sie vielleicht einen Wert streichen?

Seien Sie ehrlich zu sich selbst. Die ausgewählten Werte sollen Ihnen wirklich wichtig sein, was die Gesellschaft erwartet, spielt keine Rolle.

Dass wir unseren Werten untreu werden, kann ganz unterschiedliche Gründe haben. Häufig laufen Handlungen so automatisch ab, dass man sie in der konkreten Situation gar nicht unter Kontrolle hat. Es ist daher sehr wichtig, sich seine Werte bewusst vor Augen zu führen. Nur so kann man im entscheidenden Augenblick die richtige Wahl treffen. Das Handeln nach Werten ist vergleichbar mit einer Weggabelung. Schlagen Sie die Richtung ein, in der Sie Ihrem Wert nicht folgen, so entfernen sie sich mit jedem Schritt immer stärker von dem für Sie „richtigen" Weg, der mit Ihren persönlichen Werten übereinstimmt.

Welche Werte möchten Sie umsetzen?

Falls Sie feststellen, dass die oben genannten bisher wenig gelebten Werte Ihnen tatsächlich wichtig sind, überlegen Sie, wie Sie diese Werte in Ihrem Leben zukünftig stärker umsetzen können.

Pläne zum Umsetzen von Werten
Welchem Wert wollen Sie zukünftig eine besondere Bedeutung in Ihrem Leben geben?
Beschreiben Sie eine konkrete Situation, in der Sie den Wert umsetzen können.
Was genau wollen Sie tun?

Stärken und Potenziale

Jeder Mensch verfügt über ein Spektrum von Fähigkeiten, die beschreiben, was er grundsätzlich könnte. Ausgeprägte Fähigkeiten bezeichnen wir als Stärken. Fähigkeiten, die wir noch nicht entwickelt haben, nennen wir Potenziale. Potenzial kommt von „potentialis“ = mächtig, wirksam. Man kann das Wort Potenzial somit im Sinne von „Wirkungsmöglichkeiten“ übersetzen. Es bezeichnet die Möglichkeit, zu wirken, also etwas in die Wirklichkeit zu bringen, etwas durch Handeln zu realisieren.

Die Begriffe Kompetenz und Stärke bezeichnen das Gleiche: Fähigkeiten, die wir entwickelt haben und einsetzen.

Fähigkeiten werden immer dort entwickelt, wo es für uns sinnvoll und nützlich ist: entweder um unsere Ziele zu erreichen, unsere Anliegen und Bedürfnisse zu befriedigen oder um eine bestimmte Situation zu verbessern.

Wie erkennen Sie Ihre Stärken?

Woher wissen wir, wie gut wir etwas können und was wir noch weiter ausbauen könnten?

- Durch direkte Rückmeldung: Der Vorgesetzte sagt zu seinem Mitarbeiter Jens: „Sie können unsere Firma wirklich sehr überzeugend präsentieren.“ Oder die Freundin bedankt sich bei Denise für den Rat, der ihr sehr weitergeholfen hat.
- Indirekt, also durch die Art und Weise, wie andere auf uns reagieren: Daraus können wir ableiten, was diese wohl über uns denken und wie sie uns bewerten, ob sie uns eher wertschätzen und bewundern oder

ablehnen und zurückweisen. Jens, der seine Firma präsentiert, interpretiert die freundlichen und wohlwollenden Blicke und die interessierten Fragen des Publikums als positive Reaktion auf seine gelungene Präsentation. Denise schließt aus der Tatsache, dass andere zu ihr Vertrauen fassen und ihr Herz ausschütten, dass sie andere gut beraten kann.

- Durch Vergleiche mit anderen: Jens besucht häufig Fachmessen und konnte schon mehrfach beobachten, wie unterschiedlich erfolgreich Firmenpräsentationen durchgeführt werden können. Ganz automatisch vergleicht er seine Fähigkeiten mit denen der anderen. Als Denise vor einiger Zeit selbst Rat gesucht hat, hatte sie das Gefühl, eher einen Rat„schlag" verpasst bekommen zu haben. Sie hatte das Gefühl, dass ihr Ratgeber ihr nicht richtig zugehört hat und schon vorher eine fertige Meinung in der Tasche hatte. Sie hat gespürt, dass sie traurig und ärgerlich wurde. Sie hat darüber nachgedacht, was man beim Beraten anders machen müsste, und sich kritisch gefragt, wie sie ihr eigenes Verhalten bewertet und was sie zukünftig anders machen will.
- Durch Selbstbeobachtung und Selbstreflexion: Jens lässt im Anschluss an eine Präsentation alles noch einmal vor seinem geistigen Auge ablaufen. Er ruft sich alle kritischen Situationen in Erinnerung und wie er jeweils darauf reagiert hat. Denise beobachtet ihr Verhalten und erkennt, dass sie hin und wieder ungeduldig wird.

Stärken sind in der Regel Fähigkeiten, die einem leicht fallen. Man kann sich auf sein Können verlassen und ist sich sicher, Erfolg zu haben.

So können Sie Ihre Potenziale entdecken

Welche Möglichkeiten gibt es, Potenziale zu entdecken? Wie können wir herausfinden, welche für uns neuen Fähigkeiten wir entwickeln könnten?

- Probieren Sie sich in verschiedenen Situationen aus: Wenn Ihnen etwas leicht fällt, wenn Sie schnell und mühelos lernen, haben Sie ein Potenzial entdeckt. Sie können es durch Übung zu einer Fähigkeit entwickeln.
- Fragen Sie andere: Häufig ist es von außen leichter zu erkennen, über welche Fähigkeiten jemand verfügt.

Voraussetzung für die Entwicklung einer Fähigkeit ist, dass man sie sich selbst zutraut. Wenn Sie davon überzeugt sind, kein Organisationstalent zu haben, werden Sie gar nicht erst versuchen, diese Fähigkeit weiter zu entwickeln. Wenn Sie glauben schüchtern zu sein, kann es ihre Entwicklungsmöglichkeiten begrenzen, weil sie sich nicht vorstellen können, selbstsicher mit einer Gruppe zu diskutieren. Wenn man seine Potenziale entwickeln will, kann es sein, dass man zunächst Hemmschwellen überwinden muss.

Selbstbild und Fremdbild

Fragen Sie andere, was sie Ihnen zutrauen. Wenn Sie diese Fähigkeit für erstrebenswert halten, sollten Sie eine Möglichkeit suchen, sie zu erproben.

Bei der Einschätzung eigener Fähigkeiten ist es wichtig, das eigene Selbstbild mit dem Bild, das andere von einem haben, abzugleichen.

Die Bedeutung von Selbst- und Fremdbild lässt sich am einfachsten anhand des so genannten Johari-Fensters* erläutern. Im Johari-Fenster werden vier verschiedene Bereiche definiert: Entscheidend sind dabei bekannte und unbekannte Informationen, die eine Person über sich selbst hat bzw. die andere Menschen über sie haben.

Wenn Sie bei sich beispielsweise bestimmte Kompetenzen entdecken, die Ihnen auch Ihre Freunde zuschreiben würden, so befinden Sie sich im Bereich des „öffentlichen Selbst“. Dieser Kompetenzen sind Sie sich sicher, und sie werden auch von anderen als eindeutig zu Ihnen gehörend wahrgenommen.

Kompetenzen, die Sie nur für sich selbst identifizieren, von denen Ihr Partner oder Ihre Freunde nichts wissen oder ahnen, fallen in den Bereich des „privaten Selbst“. Hier könnten Sie überlegen, ob es sich für Sie lohnen würde, diese Kompetenzen verstärkt nach außen sichtbar zu machen. Sie könnten beispielsweise aktiv Situationen suchen, die Ihnen die Möglichkeit geben, diese Fähigkeiten einzusetzen.

* Das Johari-Fenster ist ein Denkmodell, das von Joe Luft & Harry Ingham entwickelt wurde.

Das Johari-Fenster

Verhalten		mir selbst	
		bekannt	unbekannt
den anderen	bekannt	**„Öffentliche Person“**	**„Der blinde Fleck“**
	unbekannt	**„Privatperson“**	**„Das Unbekannte“**

Wenn Sie mit anderen Personen sprechen, werden Sie feststellen, dass man Ihnen manchmal Kompetenzen zuschreibt, von denen Sie gar nicht geglaubt haben, diese zu besitzen. Im Johari-Fenster sind diese im Bereich des „blinden Flecks“ einzuordnen. Andere Personen können Ihr Verhalten aus einer ganz anderen Perspektive betrachten. Da Sie nicht aus Ihrem Körper schlüpfen können, um sich von außen bei Ihren alltäglichen Handlungen zu beobachten, haben Sie zu bestimmten Informationen keinen Zugang. Diese wichtigen Informationen können Sie nur erhalten, wenn Sie sich von Ihren Mitmenschen Feedback geben lassen oder wenn Ihr Verhalten auf Video festgehalten wurde, so dass Sie es sich noch einmal vorführen lassen können.

Neben den bereits geschilderten Bereichen kann es aber auch Kompetenzen und Potenziale geben, von denen weder Sie noch Ihre Mitmenschen etwas wissen. Dieser Bereich wird als „das Unbekannte" bezeichnet. Dabei handelt es sich vor allen Dingen um Potenziale, die Sie noch nicht entdecken konnten, weil Sie noch nicht in Situationen waren, wo diese zur Entfaltung gebracht werden könnten. Wenn Sie z. B. noch nie in Ihrem Leben vor einem größeren Publikum gesprochen haben, so können weder Sie noch Ihr Umfeld wissen, ob Sie eventuell ein begnadeter Redner sind. Deshalb ist es empfehlenswert, sich möglichst vielen neuen Erfahrungen und Situationen auszusetzen. Wer weiß? Vielleicht endecken Sie an sich ein paar ganz neue Talente?

Das sind Ihre Kompetenzen

Jetzt ist es an der Zeit, sich Ihren persönlichen Stärken zuzuwenden. Wir haben eine Kompetenz-Checkliste erstellt, anhand derer Sie über Ihre möglichen Neigungen und Fähigkeiten in Ruhe nachdenken und sich auf realistische Weise selbst einschätzen können.

Dazu gehen Sie am besten zurück in die Vergangenheit. Bestimmt erinnern Sie sich an einige Situationen, in denen Sie besonders erfolgreich oder sehr zufrieden mit sich selbst waren. Was war das Besondere an der Situation? Wie genau haben Sie sich dabei gefühlt? Waren Sie allein oder waren andere Personen an der

Situation beteiligt? Vielleicht waren Sie ja auch in einer Gruppe erfolgreich? Gehen Sie so weit in die Vergangenheit zurück, wie Sie wollen. Sie können Ereignisse aus der Schule, dem Sport, ehrenamtlichen Tätigkeiten, Vereinen und natürlich aus Ihrem Beruf wählen.

In der Spalte „stark ausgeprägt" kreuzen Sie bitte all die Punkte an, die Sie bei sich in besonders starkem Maße beobachten können. In der Spalte „vorhanden" kreuzen Sie die Fähigkeiten an, die Sie besitzen, die jedoch nicht immer zum Tragen kommen, z. B. wenn Sie im vertrauten Kreis überzeugend argumentieren können, in fremden Gruppen jedoch Hemmungen haben. Nutzen Sie die Liste, um sich und Ihre Kompetenzen zu reflektieren. Vielleicht entdecken Sie dabei Aspekte, die Ihnen bisher gar nicht so bewusst waren, oder bekommen Anregungen, manche Fähigkeiten auszubauen.

Geben Sie die Kompetenzliste auch einem Freund, und bitte Sie ihn, anzukreuzen, welche Kompetenzen er bei Ihnen am stärksten wahrnimmt. Vergleichen Sie, anschließend, in welchen Bereichen Sie mit ihm übereinstimmen und wo es Diskrepanzen gibt. Diskutieren Sie die Ergebnisse gemeinsam und versuchen Sie, die Ursachen für die Unterschiede zu ermitteln. Vielleicht kann Ihr Freund Ihnen auch Hinweise geben, wie und in welchen Bereichen Sie Ihre Kompetenzen weiterentwickeln können.

Nun aber viel Spaß bei der Bearbeitung der Kompetenzliste!

Kompetenz-Checkliste

Fähigkeit	vorhanden	stark ausgeprägt
Präzise formulieren		
Überzeugen		
Verhandeln		
Überzeugend argumentieren		
Diskutieren		
Zuhören		
Begeistern		
Small Talk führen		
Präsentieren		
Sich selbst gut darstellen		
Konzepte erklären		
Selbstsicher vor Gruppen reden		
Anderen Feedback geben		
Mit unterschiedlichsten Menschen auskommen		
Diplomatisch sein		
Vertrauen schaffen		
Für gutes Arbeitsklima sorgen		
Konflikte erkennen Konflikte schlichten		
Andere zur Kooperation bringen		
Im Interesse einer Gruppe handeln		
Netzwerke aufbauen		
Kontakte pflegen		

Fähigkeit	**vorhanden**	**stark ausgeprägt**
Eingreifen, wenn Not am Mann ist		
Andere unterstützen Kompromisse finden		
Sich in andere einfühlen		
Sich in die Lage anderer versetzen		
Bedürfnisse anderer erspüren		
Sich um andere kümmern		
Sich für andere einsetzen		
Auf andere mitreißend wirken		
Beraten		
Anderen Dinge beibringen		
Nachforschen		
Entdecken		
Experimentieren		
Projekte entwickeln		
Kreative Lösungen finden		
Dinge verbessern		
Neue Ideen entwickeln		
Entwicklungsmöglichkeiten erkennen		
Bereichsübergreifend denken		
Informationen beschaffen		
Probleme erkennen		
Probleme lösen		
Trends erkennen		
Vorausschauend denken		

Fähigkeit	**vorhanden**	**stark ausgeprägt**
Planen		
Analysieren		
Risiken abschätzen		
Sachlich beurteilen		
In die Zukunft denken		
Prinzipien erkennen		
Wichtige Details erkennen		
Den Gesamtzusammenhang erkennen		
Sich selbst organisieren/ordnen		
Sortieren		
Absichern		
Prioritäten setzen		
Koordinieren		
Organisieren		
Strukturieren		
Prozesse beschleunigen		
Den Überblick behalten		
Gut die Zeit einteilen		
Kontrollieren		
Nachprüfen		
Prozesse überwachen		
Andere führen		
Delegieren		
Motivieren		
Managen		

Fähigkeit	**vorhanden**	**stark ausgeprägt**
Dinge durchsetzen		
Entscheiden		
Unternehmerisch denken		
Die Fähigkeiten anderer erkennen		
Sich für eine Sache einsetzen		
In hektischen Zeiten Ruhe bewahren		
Ideen umsetzen		
Dinge in Gang bringen		
Dinge schnell erfassen		
Sich schnell in Neues einfinden		
Schnell Neues verstehen		
In neuen Situationen schnell orientieren		
Zuverlässig sein		
Selbstständig arbeiten		
Effizient arbeiten		
Sorgfältig arbeiten		
Präzise arbeiten		
Sich schnell und flexibel umstellen		
Widersprüchliche Situationen aushalten		
Lernen		
Hochleistungen bringen		
Durststrecken überstehen		

Fähigkeit	vorhanden	stark ausgeprägt
Den inneren Schweinehund besiegen		
Mit Kritik konstruktiv umgehen		

Kompetenzen, die Sie gerne hätten

Bestimmt waren Sie auch schon in Situationen, in denen Sie sich über sich selbst geärgert haben und sich ein wenig mehr Kompetenzen in einem bestimmten Bereich gewünscht hätten. Im nächsten Schritt haben Sie nun die Aufgabe, sich an jene Situationen zu erinnern, in denen nicht alles so optimal verlaufen ist, wie Sie es gern gehabt hätten. Diese Situationen können aus den verschiedensten Bereichen Ihres Lebens stammen.

Situation	Welche Kompetenzen hätten Ihnen geholfen?

Stellen Sie Ihr Kompetenzpaket zusammen

Zum Abschluss des Kapitels möchte ich Sie bitten, noch einmal ein kurzes Resümee über Ihre Kompetenzen zu ziehen.

Schauen Sie sich die Checkliste nochmals an. Welches sind Ihre absoluten Stärken? Womit können Sie zukünftig arbeiten?

Meine absoluten Stärken

Sie haben aber auch gemerkt, welche Kompetenzen, die Sie ebenfalls für wichtig erachten, Ihnen noch fehlen oder zumindest ausbaufähig sind. Notieren Sie hier noch einmal, welche Kompetenzen das waren.

Stärken, die ich noch entwickeln oder ausbauen möchte

Ausgerüstet mit Ihrem persönlichen Kompetenzpaket sind Sie nun gut vorbereitet für die nächsten Schritte Ihrer Selbstverwirklichung.

Einstellungen

In diesem Kapitel geht es um Ihre Einstellungen zu Ihrer eigenen Person, darum, welche Überzeugungen Sie über sich selbst haben. Was glauben Sie, können Sie erreichen? Was trauen Sie sich zu? Wie bewerten Sie Ihre eigenen Kompetenzen? Das, was Sie bezüglich Ihrer Wirkungsmöglichkeiten (Potenziale) und Kompetenzen über sich selbst denken, entscheidet letztlich darüber, was Sie sich vornehmen und ob und wie Sie es erreichen. Mit anderen Worten: Ihre Selbstwirksamkeit und Ihre Selbstwert spielen eine zentrale Rolle bei Ihrer Lebensgestaltung.* Bitte beachten Sie zur Orientierung Ihre Testergebnisse zur „Selbstwirksamkeit" (siehe Seite 45).

Einstellungen und Überzeugungen bezeichnen dasselbe: Was man über sich selbst, über andere und über alle möglichen Themen denkt.

Selbstwirksamkeit

Selbstwirksamkeit beschreibt, wie sehr Sie glauben, Ihr eigenes Leben gestalten zu können. Die zentrale Frage lautet hier: Was kann ich, so wie ich bin, bewirken? Der Begriff Selbstwirksamkeit hat also viel damit zu tun, wie sehr man davon überzeugt ist, Einfluss auf den Verlauf der Dinge und die Kompetenz zur Lösung von Problemen und zur Bewältigung von Herausforderungen zu haben.

Wenn Sie der Überzeugung sind, dass in erster Linie andere, die gesellschaftlichen Umstände oder das

* Die Entwicklung von Selbstwirksamkeit und Selbstwert wird in der Theorie des sozialen Lernens von Albert Bandura ausführlich beschrieben.

Schicksal am Werk sind, werden Sie gar nicht erst erwarten, dass Sie etwas Besonderes aus Ihrem Leben machen können und sich logischerweise auch keine entsprechenden Ziele setzen. Menschen mit einer niedrig ausgeprägten Selbstwirksamkeit haben wenig Vertrauen in ihre Fähigkeiten. Sie sind in Situationen, die sie als schwierig erleben, oft unsicher und vermeiden diese wenn möglich, da sie nicht daran glauben, Schwierigkeiten mit Hilfe ihrer eigenen Fähigkeiten meistern zu können. Selbst offensichtliche Lösungen können nicht erkannt werden, da wenig oder gar kein Vertrauen vorhanden ist, selbst etwas bewirken und das Geschehen kontrollieren zu können.

So entstehen Selbstwirksamkeitserwartungen

Wie alle anderen Einstellungen sind auch die Erwartungen an die Selbstwirksamkeit Ergebnis persönlicher Erfahrungen. Schon der Säugling erfreut sich daran, dass er durch Schreien dafür sorgen kann, dass seine Mutter kommt. Er quietscht vor Vergnügen, wenn er mit intensivem Strampeln sein Bettchen zum Wackeln bringt. Er lernt so, dass er mit seinem Verhalten bestimmte Wirkungen in der Umwelt erreichen kann. Im Laufe der Entwicklung wird die Wahrnehmung der eigenen Wirksamkeit immer weiter verfeinert. Der Schüler lernt, dass es (zumindest sollte es so sein) einen Zusammenhang gibt zwischen der eigenen Anstrengung und dem schulischen Erfolg. Er erfährt, dass er eigene Schwächen durch vermehrte Anstrengung kompensieren kann, dass er schlechte schriftliche Leistungen durch vermehrte mündliche Beteiligung ausgleichen kann. Er erlebt, dass nicht nur die eigene Leistung über die Noten entscheidet, sondern auch die Beziehung zum Lehrer und zu den Mitschülern wichtig ist. Vielleicht kann er erkennen, wie er mit seinem Verhalten die Beziehung zum Lehrer beeinflusst: dass er durch fortgesetztes Stören und häufiges Zuspätkommen dessen Sympathien verscherzt und durch angemessenes Verhalten die Beziehung wieder ins Lot bringt. So lernt er im Laufe der Zeit, dass immer viele Faktoren beachtet und gestaltet werden müssen, damit sich das eigene Leben in die gewünschte Richtung entwickeln kann. Er lernt, dass er selbst diese Dinge steuern kann, macht also die Erfahrung einer hohen Selbstwirksamkeit.

Es kann aber auch sein, dass diese Zusammenhänge nicht so idealtypisch sind wie im Beispiel oben und somit für den heranwachsenden Menschen nicht klar erkennbar. Das kann dazu führen, dass man sich später relativ hilflos fühlt und in manchen Situationen nicht richtig weiß, durch welches eigene Verhalten man welche Effekte hervorruft. Die Selbstwirksamkeit ist dann wenig ausgeprägt.

Menschen mit geringer Selbstwirksamkeit können diese aufbauen. Hierzu gibt es zwei empfehlenswerte Übungen:

1. Suchen Sie in Ihrem Umfeld nach beliebten und unbeliebten Menschen und analysieren Sie, durch welches Verhalten diese Menschen anziehend oder eher distanzierend auf andere wirken.

2. Wählen Sie aus Ihrem Umfeld einen beruflich oder privat erfolgreichen Menschen. Was genau tut er für seinen Erfolg (besonderer Einsatz, Überstunden, bringt besondere Kompetenzen ein usw.)?

Die Einstellungen zur Selbstwirksamkeit und zum Selbstwert sind die wichtigsten Überzeugungen über sich selbst.

Selbstwert

Jeder Mensch hat ein bestimmtes Bild von sich selbst im Kopf. Dieses Bild umfasst alle Fähigkeiten, Vorlieben und Abneigungen, alle Wünsche und Ziele. Zu diesem Bild gibt es ein bestimmtes Gefühl. Dies kann positiv akzeptierend sein oder negativ verurteilend.

Je stärker die guten Gefühle meinem Selbst gegenüber sind, umso eher werde ich mich, so wie ich bin, akzeptieren. Dazu gehört dann auch, dass ich meine Schwächen ebenfalls annehmen und als einen Teil von mir sehen kann. Die Schwächen realistisch zu sehen und zu beurteilen, bedeutet auch, an diesen arbeiten zu können, und zwar in einem Rahmen, der mich nicht überfordert oder Unmögliches verlangt. Eine grundsätzlich positive Einstellung mir selbst gegenüber macht es möglich, konstruktive Kritik zu hören, ohne in starke Selbstzweifel zu geraten. Das Gefühl „Ich bin insgesamt in Ordnung" kann nicht so leicht gestört werden.

Eine negativ verurteilende Einstellung mir selbst gegenüber ist mit massiven Selbstzweifeln verbunden. Hierzu gehört insbesondere, dass tatsächlich vorhandene Fähigkeiten und Stärken nicht erkannt und Schwächen übertrieben gewichtet werden. Wenn man seine eigenen Fähigkeiten nicht kennt und nicht wertschätzt, neigt man dazu, unsicher aufzutreten, was anderen das Gefühl vermittelt, man sei inkompetent – wobei dies faktisch nicht der Fall sein muss. Man wird abhängig von den Bewertungen anderer Personen und nimmt auch unberechtigte Kritik leicht an, was die vorhandenen Selbstzweifel fördert.

So entsteht die Einstellung zum Selbstwert

Schon kleine Kinder spüren, wie andere sie bewerten, und zwar immer dann besonders deutlich, wenn das Kind etwas anderes getan hat, als es tun sollte oder durfte. Reagieren die Erwachsenen dann mit: „Das tut man nicht“, „Das kannst du noch nicht“, oder: „Wer so etwas tut, ist dumm“, wird das von dem Kind ganz anders interpretiert als eine Aufforderung wie z. B.: „Lass das bitte, ich möchte nicht, dass du das tust.“ Ähnliche Erfahrungen machen Kinder im Kindergarten, in der Schule usw. Durch die vielen Kontakte mit Erwachsenen, die nicht alle auf dieselbe Art und Weise mit den Kindern umgehen, hat man eine Chance, mit einem Mindestmaß an Selbstwertgefühl heranzuwachsen. Als Erwachsener hat man dann die Möglichkeit, sich selbst differenzierter zu bewerten. Dazu sollte man sein eigenes Verhalten mit seinen eigenen Wertmaßstäben messen und dahingehend beurteilen, welche Ziele man damit erreichen möchte.

Die Auswirkungen unserer Überzeugungen

Überzeugungen sind Einstellungen, Meinungen, Glaubenssätze und Urteile, die wir über alles haben und die somit unser Leben beeinflussen. Unsere Überzeugungen haben einen großen Einfluss auf das, was wir tun, denken, fühlen oder auch wahrnehmen. Wir neigen nämlich unbewusst dazu, wenn wir einmal eine Einstellung zu einer Sache – beispielsweise unserer Selbstwirksamkeit – haben, nur Dinge wahrzunehmen, die dieses Bild, diese Überzeugung unterstützen. Dies kann im negativen, aber auch im positiven Sinne geschehen. Unglücklich ist es, wenn ich ein negatives Bild von mir habe, das ich durch diese automatische Auswahl dazu passender Informationen immer weiter festige.

Die Überzeugung, die Sie über sich selbst haben, hat große Auswirkung auf Ihr Verhalten.

Stellen Sie sich Folgendes vor: Katrin glaubt, dass sie einfach kein Mathe kann. Zahlen liegen ihr nicht, und egal was sie tut, dies wird sich nicht ändern. Wenn man sie fragt, woran sie das festmacht, fallen ihr nur Situationen ein, in denen sie sich verrechnet hat oder andere schneller auf das Ergebnis kamen als sie. Da sie so überzeugt von ihrer Schwäche ist, gibt sie sich kaum noch Mühe und bleibt schlecht in Mathe. Sie kommt nicht auf die Idee, dass hinter der Leistung der anderen auch viel Üben und Anstrengung stehen könnte.

Die Einschätzung der eigenen Wirksamkeit hat also einen großen Einfluss auf das Verhalten. Eine positive Einstellung bewirkt, dass ich mir mehr zutraue, länger durchhalte und Misserfolge gelassener sehen kann. Dagegen führt eine Überzeugung, dass ich ohnehin keinen Erfolg haben werde, dazu, dass ich mir nur wenig Mühe gebe und erst recht keinen Sinn darin sehe, mir herausfordernde Ziele vorzunehmen. Bereits bei den ersten Schwierigkeiten sehe ich meine Überzeugung – „Ich wusste ja, dass ich das nicht kann" – bestätigt und kann mit „gutem Grund" aufgeben.

An dieser Stelle sehen wir auch, wie die Einstellungen über die eigene Wirksamkeit und das Selbstwertgefühl zusammenhängen. Je stärker mein Selbstwertgefühl ist, und je ausgeprägter ich mir meiner Stärken bewusst bin und diese anerkenne, umso mehr kann ich auf diese vertrauen (Selbstwirksamkeit) und zurückgreifen. Je mehr ich diese Stärken dann gebrauche, umso gefestigter wird mein Selbstwertgefühl.

Mein Selbstvertrauen und Selbstwertgefühl
In welchen Bereichen/Situationen habe ich Selbstvertrauen?
In welchen Bereichen/Situationen bin ich besonders empfindlich gegenüber Kritik?
In welchen Bereichen/Situationen möchte ich zukünftig ein stabiles Selbstwertgefühl aufbauen?

Selbsterfüllende Prophezeiung

Die Wirkung der eigenen Einstellung greift jedoch noch weiter. Vielleicht kennen Sie schon den Begriff der selbsterfüllenden Prophezeiung*. Dieser Begriff beschreibt das Phänomen, dass wir mit unseren Überzeugungen – über uns selbst und über andere – das Verhalten anderer Personen so beeinflussen, dass diese indirekt unsere Erwartungen bestätigen.

Julian ist davon überzeugt, dass er den Vortrag, den er vor all seinen Kollegen halten soll, vermasseln wird. Er glaubt nicht, dass sie wirklich an seinen Erkenntnissen interessiert sind und ihm zuhören wollen (Einstellung über andere). Außerdem glaubt er nicht, dass er besonders gut Vorträge halten kann (Einstellung über sich selbst). Folglich tritt er deutlich unsicher auf und redet sehr leise. Die anderen, die ihn nur schwer verstehen können, fangen an, ihre Nachbarn zu fragen, ob sie ihn verstehen. Unruhe breitet sich aus. Julian deutet dies so, dass sie tatsächlich nicht an seinen Ausführungen interessiert sind und lieber mit ihren Nachbarn reden würden. Da er nicht daran glaubt, dass seine rhetorischen Fähigkeiten ihm die gewünschte Aufmerksamkeit bringen können, wird er immer leiser und schneller, um das Ganze endlich hinter sich zu bringen. Der Vortrag wird zur Katastrophe, und Julian sieht sich in seinen Vorahnungen bestätigt und behält sein negatives Selbstbild bei.

---

* Das Konzept von der sich selbst erfüllende Prophezeiung stammt von Robert Rosenthal.

Nutzen Sie das Prinzip der selbsterfüllenden Prophezeiung für sich, und gehen Sie mit einer positive Einstellung in schwierige Situationen.

Umgekehrt ist dieses Prinzip auch positiv zu nutzen. Jemand, der von vornherein an sich glaubt, wird seinen Erfolg begünstigen. Hätte Julian beispielsweise gedacht: „Die anderen sind sicherlich gespannt, was ich zu dem Thema zu sagen habe“, und: „Die letzten Zweifler werde ich durch meine guten Argumente und meinen Enthusiasmus schon überzeugen“, so wäre er sicher ganz anders an den Vortrag herangegangen. Er hätte wahrscheinlich von Beginn an laut und deutlich gesprochen und hätte – sich seiner Kompetenz bewusst (Selbstwert) – die anderen auch direkt anschauen können. Diese wiederum hätten ihm mühelos folgen können und seine Argumente durchdenken können. Der Vortrag wäre viel besser gelaufen – einfach auf Grund einer veränderten Einstellung gegenüber sich selbst.

Was sind Ihre Überzeugungen?

Überzeugungen beziehen sich zum Teil auf uns selbst, also auf das, was wir von uns selbst glauben oder denken. Sie beziehen sich aber auch oft auf andere und das, was wir von ihnen glauben und meinen.

Es gibt dabei Überzeugungen, die uns gut bekannt sind, das bedeutet, wir denken oder sagen sie besonders häufig. Ich kann beispielsweise überzeugt sein, dass ich Zusammenhänge besser erkenne als andere. Eine Mutter meint vielleicht, Kinder könnten einfach noch nicht entscheiden, was für sie richtig sei. Ein anderer Mensch denkt, er könne mit seinem Aussehen niemals einen netten Partner finden, und ein weiterer hält sich für völlig inkompetent, wenn es um die Handhabung technischer Geräte geht.

Daneben gibt es aber auch Einstellungen, die wir in uns tragen und die uns nicht bewusst sind. Diese Einstellungen beeinflussen uns genauso stark wie die bewussten, nur dass wir es nicht unbedingt bemerken. Ein Mensch kann beispielsweise, ohne es zu merken, die Überzeugung mit sich tragen, er sei es nicht wert, dass man sich mit ihm beschäftige. Eine Frau kann unbewusst denken, sie könne nicht erfolgreich werden, weil sie eine Frau ist. Ein Mann kann im Inneren davon überzeugt sein, er sei sowieso nicht zu tiefen Gefühlen fähig. Ich kann die Überzeugung in mir tragen, dass andere Personen mich sowieso nicht mögen werden oder auch dass andere Personen mir immer kritisch begegnen werden.

Was wir tun, denken, meinen, glauben und wahrnehmen, hat großen Einfluss darauf, wie wir Situationen erleben, auf das, was wir tun und lassen. Es lohnt sich also, zu erforschen, welche Einstellungen wir denn nun tatsächlich in uns tragen. Denn nur was bekannt ist, kann man ändern. Gehen Sie Ihr Verhalten in Gedanken durch. Suchen Sie nach Hinweisen, z. B. bestimmte Verhaltensweisen oder Sätze, die Ihnen Ihre Überzeugungen über sich selbst offenbaren.
Und nun überlegen Sie, wie nützlich Ihre Überzeugungen bisher waren. Welche wollen Sie beibehalten, weil Sie bisher hilfreich waren? Welche Einstellungen wollen Sie ändern, weil sie eher hinderlich waren?

Meine Überzeugungen über mich selbst

Nützlichkeit meiner Überzeugungen
Welche Überzeugungen möchte ich beibehalten?
Welche Überzeugungen möchte ich ändern?

Einstellungen verändern

Wenn Sie sich Ihrer Überzeugungen bewusst sind, können Sie dazu übergehen, sie zu verändern. Und zwar sollten Sie die Einstellungen ändern, die Sie bisher in Ihrer Entfaltung und Entwicklung gehindert haben. Dafür gibt es eine einfache Formel: Der Schlüssel zum Erfolg ist der Erfolg.

Um seinen Selbstwert und seine Selbstwirksamkeitserwartungen zu erhöhen, ist es notwendig, Erfolge zu erleben. Erfolg bedeutet nämlich, dass ich die Kontrolle über das Geschehen habe. Meine Selbstwirksamkeit, also die Überzeugung, etwas bewirken zu können, wird mit jedem Erfolg ansteigen. Gleichzeitig werde ich mir bei einem Erfolg meiner Kompetenzen und Talente bewusst, und das kann zu einer erstaunlichen Steigerung meines Selbstwerts führen.

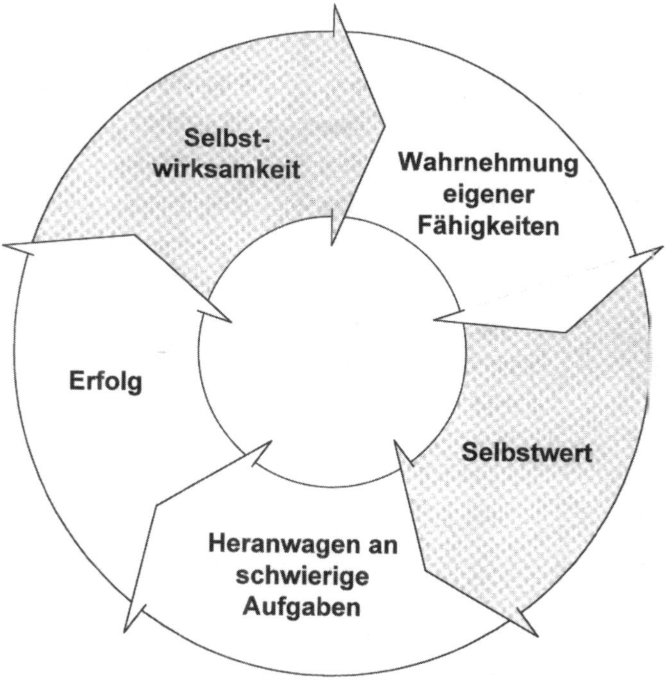

Setzen Sie sich Ziele

Um Erfolge zu erleben, müssen Sie sich Anforderungen und Problemen stellen, denen Sie sich gerade noch gewachsen fühlen. Ein positives Ergebnis darf dabei nicht zu leicht zu erreichen sein, sonst wäre es kein echter Erfolg. Konkret heißt das: Setzen Sie sich Ziele!

Nehmen Sie sich beispielsweise vor, eine bestimmte Aufgabe, schneller zu schaffen als bisher. Oder gehen Sie dazu über, den Schwierigkeitsgrad Ihrer Aufgaben Stück für Stück zu erhöhen. Sinnvoll ist es auch, eine Sache in Angriff zu nehmen, die Sie zuvor immer vermieden haben. Sehen Sie sich dafür genau an, wo Ihre Schwächen und vor allem Ihre Stärken liegen. Wie können Sie letztere nutzen, um Schwächen zu kompensieren oder zu verringern? Entwickeln Sie daraus eine Strategie, die Sie an Ihr Ziel heranführen kann, und setzen Sie diese dann um. Seien Sie sich darüber bewusst, dass es durchaus möglich ist, dass Sie mal eine Aufgabe nicht bewältigen können. Versuchen Sie daher, einen angemessenen Schwierigkeitsgrad zu wählen, um ständige Misserfolge zu vermeiden.

Wenn Sie sich realistische Ziele setzen, haben Sie die besten Chancen auf Erfolgserlebnisse.

Wenn Sie zum Beispiel in Diskussionen zu schüchtern für Wortmeldungen sind, könnten Sie sich als ersten Schritt vornehmen, etwas Unkritisches zu sagen. Als zweiten Schritt könnten Sie einem anderen Beitrag zustimmen. In einem dritten Schritt sagen Sie eine eigene Meinung und im vierten Schritt äußern Sie eine kontroverse Meinung und vertreten diese.

Vielleicht haben Sie als Frau Probleme damit, alleine auszugehen. Sie könnten als ersten Schritt alleine ins Kino oder ins Theater gehen, wo Sie nur zu Beginn und in der Pause „alleine dastehen". Im nächsten Schritt könnten Sie in ein Café oder ein Restaurant gehen und während Ihres Aufenthaltes lesen oder sich mit etwas beschäftigen. Ihr Ziel hätten Sie erreicht, wenn sie alleine in eine Kneipe gehen und ohne Ablenkung einfach nur dasitzen und Ihr Glas Bier oder Wein trinken.

Zur Strategiebildung ein Tipp: Meist sind Selbstwert und Selbstakzeptanz in bestimmten Bereichen höher ausgeprägt als in anderen. Vielleicht bereiten Ihnen Situationen, in denen eine rege Kommunikation erforderlich ist, keinerlei Schwierigkeiten. Oder Sie erzielen im sportlichen Bereich ständig neue persönliche Rekorde. Schauen Sie sich Ihre „starken Bereiche" genau an: Was machen Sie da anders als sonst? Wie können Sie das auf andere Situationen übertragen?

Auch Personen, die hohe Werte in puncto Selbstwertgefühl und Selbstwirksamkeit aufweisen, sollten sich neue Ziele setzen. Schließlich ist es immer von Vorteil, sich weiter zu entwickeln, und auch ein guter Läufer kann noch schneller werden.

Neue Aufgaben angehen

Schreiben Sie nun auf, in welchen Bereichen Sie Ihre Überzeugungen optimieren möchten. Wo sollen Ihre Selbstwirksamkeit oder Ihr Selbstwert positiver werden? Welche Aufgaben stellen Sie sich, und wie sieht Ihre Strategie aus?

Überzeugungen optimieren
In welchen Bereichen möchte ich meine Überzeugungen ändern?
Welche Aufgaben stelle ich mir?
Schritte, um die Aufgaben zu bewältigen

Orientierung

Ihr Lebensweg ist eine Folge von unendlich vielen Entscheidungen. Ihre persönlichen Ziele ermöglichen dabei Orientierung. Wenn Sie wissen, wie Sie Ihre Lebenssituation gestalten wollen, was Sie anstreben und erreichen wollen, fallen viele Entscheidungen leicht. Sobald man sich entschlossen hat, ein Ziel zu verfolgen, richten sich die Gedanken, Gefühle und Handlungen darauf aus, dieses zu verwirklichen. Es entsteht ein positiver Spannungszustand, der uns Energie bereitstellt, um Herausforderungen anzunehmen, neue Kompetenzen zu entwickeln, Hindernisse zu umgehen und unser Vorhaben in die Tat umzusetzen. Ist das Ziel erreicht, sind wir glücklich und zufrieden.

Es kann aber auch ganz anders ablaufen. Die Energie, die uns bereitgestellt wurde, reicht nicht aus. Mühsam kämpfen wir uns voran. Häufig wissen wir nicht, wie es weitergehen soll und was wir als Nächstes zu tun haben. Falls wir das Ziel dann zuletzt doch erreichen, führt das höchstens zur Erleichterung, keinesfalls jedoch zu Zufriedenheit.

Ob wir mit einem Ziel glücklich werden können, hängt von vielen Faktoren ab. Besonders bedeutsam ist die Frage, ob es wirklich ein selbst gewähltes Ziel ist, das mit unseren Bedürfnissen und Wertvorstellungen in Einklang steht, oder ob es sich um ein Ziel handelt, das aus einem Gefühl der Verpflichtung entstanden ist – hier sei an das Beispiel von Holger, dem Studienabbrecher aus dem ersten Kapitel erinnert. Natürlich wird es immer Situationen geben, in denen wir uns fremden Zielen verpflichten. Allerdings sollte dies wohl dosiert und gut überlegt sein. Zudem werden wir uns auch immer wieder Ziele vornehmen müssen, die unseren Motiven widersprechen. Sonst würde es zum Beispiel ein Student mit einem ausgeprägten Geselligkeitsmotiv niemals schaffen, sich wochenlang alleine auf eine Prüfung vorzubereiten, statt mit seinen Freunden auszugehen.

Ziele können in ganz unterschiedlicher Form auftreten: Es gibt kleine Anliegen, kurz-, mittel- und langfristig zu erreichende Ziele, kleine Projekte (z. B. ein Kurzurlaub), große Projekte (z. B. ein Buch schreiben, eine Entdeckungsreise machen oder ein Haus bauen) oder Lebensvisionen.

„Annäherungsziele" formulieren das, was man erreichen möchte. „Vermeidungsziele" beschreiben das, was man nicht will.

Alle Ziele, die ein Mensch erreichen möchte, sind so genannte Annäherungsziele. Daneben gibt es aber auch „Vermeidungsziele", das sind Ziele, die genau beschreiben, was wir keinesfalls wollen, was wir auf jeden Fall verhindern möchten. Ein solches Vermeidensziel könnte zum Beispiel heißen: „Keinesfalls will ich am Ende meines Studiums ohne Job dastehen." Problematisch an diesen Vermeidungszielen ist jedoch, dass das oben beschriebene Zielaktivierungssystem den Unterschied zwischen Wunsch nach Verwirklichung und Wunsch nach Vermeidung nicht erkennt. Wunsch ist Wunsch: Damit wir nicht von einer Katastrophe in die nächste geraten, ist es deshalb unbedingt erforderlich, sich alle Vermeidungsziele klar zu machen und diese in Annäherungsziele zu übersetzen. Für unsere Studentin würde das heißen: „Ich möchte am Ende meines Studiums einen interessanten Job finden."

In diesem Kapitel geht es darum, die für Sie bedeutsamen Ziele zu finden und im Hinblick auf ein zufrieden stellendes Leben zu prüfen.

Planen der persönlichen Entwicklungsziele

Im vorherigen Kapitel haben Sie Ihre Motive, Werte, Kompetenzen und Einstellungen kennen gelernt. An manchen Stellen sehen Sie vielleicht Bedarf, etwas zu verändern. Beispielsweise möchten Sie manche Motive häufiger ausleben, sich stärker an für Sie wichtige Werte halten, bestimmte Kompetenzen ausbauen oder neu erwerben oder Ihre Einstellungen zu sich selbst verbessern. Blättern Sie zurück zum Kapitel „Klarheit" und schauen Sie sich noch einmal an, was Sie dort am Ende jedes Kapitels festgehalten haben: Ihre Bedürfnisse (siehe Seite 79), welche Werte Sie umsetzen (siehe Seite 91), welche Kompetenzen Sie entwickeln (siehe Seite 105) und welche Überzeugungen Sie verändern möchten (siehe Seite 120). Fassen Sie die Ziele und Aufgaben, die sich daraus ergeben, hier zusammen.

Meine Aufgaben und Ziele aus dem Kapitel „Klarheit"

Schreiben Sie dann auf, was Sie sich außerhalb der Bearbeitung dieses Buches schon immer zum Ziel gesetzt haben, bisher aber nicht verwirklichen konnten. Lassen Sie Ihre Gedanken schweifen, und überlegen Sie einmal, welche Träume, Wünsche, Ziele Sie in der Vergangenheit hatten. Was wollten Sie schon als Kind immer machen? Wie sahen Ihre Pläne nach der Schulzeit aus? Was haben Sie sich beruflich immer gewünscht? Was wollten Sie privat erreichen? Notieren Sie bitte stichwortartig alles, was Ihnen dazu einfällt.

Meine Wünsche, Träume und Ziele

Versuchen Sie nun zu entscheiden, welche dieser Projekte für Sie heute noch relevant sind. Was wollen Sie immer noch erreichen? Streichen Sie alle Ideen, die Ihnen nicht mehr so wichtig sind, durch. Wenn Sie bei einigen Dingen noch unsicher sind, ob Sie diese Sache aufgeben wollen, können Ihnen folgende Orientierungsfragen vielleicht weiterhelfen:

- Was würde passieren, wenn Sie dieses Projekt nicht mehr verfolgen?
- Ist es wirklich Ihr Ziel, oder ist es nur Ausdruck der an Sie gestellten Erwartungen?

Ein chinesisches Sprichwort sagt: „Nur wer loslässt, hat zwei Hände frei." Die Konzentration auf das Wesentliche ist das Geheimnis entspannter Lebensführung.

Annäherungs- und Vermeidungsziele

Die Art und Weise, wie Menschen ihre Ziele formulieren, hat einen großen Einfluss darauf, ob es ihnen gelingen wird, diese auch tatsächlich zu erreichen. Wie schon erwähnt, unterscheidet man hierbei zwischen Annäherungs- und Vermeidungszielen. Wenn Sie sich zum Beispiel vornehmen, in der nächsten Zeit mehr Bücher zu lesen, handelt es sich um ein Annäherungsziel. Sie suchen ganz bewusst Situationen auf, die zum Gelingen Ihres Vorhabens beitragen. So könnten Sie beispielsweise häufiger in die Bibliothek gehen oder in Buchhandlungen nach interessanter Lektüre suchen. Wenn Sie sich allerdings vornehmen, demnächst weniger fernzusehen, so handelt es sich um ein Vermeidungsziel. In diesem Fall versuchen Sie, alle Situationen zu meiden, die Sie zum Fernsehen verführen könnten. Ob Ihr Ziel ein Vermeidensziel ist, können Sie auch daran erkennen, ob es negativ formuliert ist, also Ausdrücke wie „nie", „weniger", „nicht" oder „kein" enthält. „Nicht mehr so viele Süßigkeiten essen", oder: „Weniger Zeit vor dem Fernseher verbringen", wären demnach weitere Vermeidungsziele.

Was geschieht nun mit Ihnen und Ihren Zielen, wenn Sie sie formuliert haben? Als Erstes werden sich vermutlich Ihr Denken, Handeln und Fühlen stärker fokussieren. Sie grübeln darüber nach, wie Sie Ihre Ziele erreichen können, Sie fühlen so etwas wie einen Drang, endlich loszulegen, und Sie tun bereits Dinge, die Ihrer Zielerreichung dienlich sind. Allgemein gesagt: Sie werden aktiviert! Die Aktivierung ist bei beiden Zielformen – bei Annäherungs- und Vermeidungszielen – gleich. Die Konsequenzen sind allerdings unterschiedlich. Bei dem Annäherungsziel „mehr Bücher lesen" werden Ihre Gedanken häufiger um das Thema „Bücher" kreisen. Vielleicht stellen Sie sich automatisch vor, wie Sie abends im Bett liegen und einen großartigen Roman verschlingen oder wie Sie an einem entspannten Nachmittag in der Buchhandlung herumstöbern. Bei dem Vermeidungsziel „nicht mehr so viel fernsehen" bewirkt die Aktivierung ebenfalls, dass Sie sich mehr mit dem Thema „Fernsehen" befassen. – Eigentlich sollten Sie sich ja mit „Nicht-Fernsehen" beschäftigen. Allerdings ist unser Gehirn darauf ausgerichtet, sich Dinge vorzustellen. Sich etwas „nicht vorzustellen" ist hingegen sehr schwierig, wenn nicht unmöglich. Machen Sie hierzu einmal folgendes Experiment: Denken Sie jetzt bitte nicht an einen Fernseher! Was ist passiert? Höchstwahrscheinlich haben Sie in Gedanken das Bild eines Fernsehers vor Augen gehabt. Das liegt daran, dass Ihr Gehirn bei der Zielformulierung häufig bildhaft arbeitet – der Ausdruck „sich die Zukunft ausmalen" verdeutlicht dieses Prinzip recht gut. In Bezug auf das Vermeidungsziel „nicht mehr rauchen" führt dieser Effekt dazu, dass Sie weiterhin intensiv über die Dinge nachdenken, die Sie eigentlich vermeiden wollen. Dadurch wird Ihnen das Erreichen des Ziels erschwert, und Sie müssen mehr Ressourcen mobilisieren. Statt aktiv zu handeln, werden Sie durch Vermeidungsziele gezwungen, Handlungen bewusst zu blockieren.

Formulieren Sie Ihre Ziele positiv und möglichst konkret als Annäherungsziele. Dann haben Sie gute Chancen, sie zu erreichen.

Formulieren Sie Ihre Ziele darum möglichst als Annäherungsziele, das heißt positiv. Anstatt sich z. B. selbst zu verordnen, ab sofort nicht mehr fernzusehen, könnte das positive Ziel lauten jeden Tag eine Stunde spazieren zu gehen. Versuchen Sie zusätzlich, sich konkrete Bilder für Ihre Ziele vorzustellen. Das erleichtert in der Regel die Formulierung von Annäherungszielen. Sie können das Umformulieren an der nachfolgenden Aufgabe üben.

Annäherungsziele formulieren Bitte formulieren Sie die folgenden Vermeidungsziele in Annäherungsziele um.
1. Ich möchte weniger mit meinem Partner streiten.
2. Ich möchte weniger Zeit mit unwichtigen Dingen verschwenden.
3. Ich möchte nicht mehr Angst haben, wenn ich etwas vor einer Gruppe präsentiere.
4. Ich möchte auf Feiern nicht mehr so viel Alkohol trinken.

Nun sehen Sie sich noch einmal die Ziele an, die Sie am Anfang des Kapitels formuliert haben (siehe Seite 126). Sind Vermeidungsziele darunter? Bitte formulieren Sie alle Vermeidungsziele in Annäherungsziele um.

Die Ziele ordnen und Prioritäten setzen

Sie haben nun wahrscheinlich eine ziemlich lange Liste an Dingen, die Sie sich vornehmen wollen. Schauen Sie sich die Ziele genauer an. Gibt es vielleicht Vorhaben, die direkt zusammengehören oder eigentlich das Gleiche bedeuten? Sind einige übergeordnete Ziele darunter, zu denen andere wiederum Unterziele darstellen? Fassen Sie diese gegebenenfalls zusammen.

Stellen Sie sich im nächsten Schritt für jedes einzelne Ziel vor, wie es sich für Sie anfühlen würde, wenn Sie es erreichten. Welche Konsequenzen hätte dies für Sie? Überlegen Sie anschließend, welche Vorstellung in Ihnen die größte Zufriedenheit ausgelöst hat? Bilden Sie auf diese Weise eine Reihenfolge. An Position eins setzen Sie das für Sie wichtigste Vorhaben und so weiter, bis jedes von Ihnen formulierte Ziel einen Rangplatz hat.

Nun überlegen Sie, welche Ziele Sie jetzt umsetzen möchten, und welche noch warten können, weil Sie Ihnen nicht ganz so wichtig sind. Bedenken Sie dabei, dass Sie Energie und Zeit brauchen, um ein Ziel zu erreichen. Nehmen Sie sich also nicht zu viele vor. Sie können Ihre Ziele nur verwirklichen, wenn Sie sich nicht überfordern. Schreiben Sie die auserwählten positiv formulierten Ziele hier auf. Es sollten maximal 20 sein, und Sie sollten Sie möglichst nach ihrer Priorität ordnen.

Überfordern Sie sich nicht. Nehmen Sie sich nur so viel vor, wie Sie tatsächlich bewältigen können. Fangen Sie ruhig mit einem kleinen Ziel an, und nutzen Sie dafür die Rangliste.

Meine aktuellen Ziele
1.
2.
3.
4.
5.
6.
7.
8.
9....

Passen die Ziele zum Motivsystem?

Jetzt überprüfen Sie für jedes Ziel, ob es zu Ihrem Motivsystem passt. Denn wie schon erwähnt, ist es besonders leicht, ein Ziel umzusetzen, welches mit unseren Wertvorstellungen, Einstellungen, Fähigkeiten und Bedürfnissen übereinstimmt. Stellen Sie sich zu jedem Ziel die folgenden Fragen, und streichen Sie die Ziele, die Ihnen nicht mehr passend erscheinen.

- Ist dieses Ziel realistisch? Das heißt, habe ich überhaupt die Möglichkeiten und Fähigkeiten dazu es (jetzt) umzusetzen?

- Lässt sich dieses Ziel mit meinen Werten vereinbaren, oder muss ich mich verbiegen?
- Habe ich mir dieses Ziel ausgewählt, weil ich glaube, dass es einem meiner persönlichen Bedürfnisse entspricht? Oder sehe ich mich dazu verpflichtet, es als bedeutsam zu betrachten? Wenn es eine Verpflichtung ist: Ist sie tatsächlich so wichtig, dass ich sie zu den ersten Zielen zähle, die ich umsetzen werde?
- Welche Auswirkungen hätte das Erreichen dieses Ziels auf meine Einstellung mir selbst gegenüber?
- Auch wenn die Umsetzung dieses Ziels mir zunächst schwer fallen mag und viel Disziplin erfordert – bringt es mich einem Zustand näher, der mir sehr viel bedeutet?

Ziele mit Ihren Rollen abgleichen

Nun gibt es einen letzten Punkt, auf den Sie Ihre Ziele überprüfen sollten. Sie nehmen in Ihrem Leben verschiedene Rollen ein. Sie sind Freund/in, Partner/in, vielleicht Elternteil, Sohn oder Tochter, Angestellte/r, Arbeitgeber/in, Sportler/in ..., und Sie sind alleine Sie selbst. Wahrscheinlich verhalten Sie sich nicht in allen Rollen gleich und haben vielleicht sogar unterschiedliche Ansprüche an sich und Ihre Fähigkeiten. Ihre Einstellungen zu sich selbst sind in den verschiedenen Rollen sicher anders. Sie können beispielsweise in der Familie ein starkes Bedürfnis nach Anschluss haben, Leistung spielt hier keine große Rolle. Wenn Sie aber arbeiten oder Sport treiben, ist es Ihnen wichtig, möglichst perfekte Ergebnisse zu liefern, und das am besten alleine. Oder schauen Sie sich einfach Ihren Schreibtisch zu Hause und bei der Arbeit an. Gibt es da Unterschiede? Bestimmt fallen Ihnen selbst weitere Beispiele ein.

Vergegenwärtigen Sie sich nun, welche Rollen Sie im täglichen Leben einnehmen. Welche Werte, Kompetenzen und Motive sind Ihnen in diesen Rollen besonders wichtig? Welche Erwartungen haben andere an Sie in den jeweiligen Rollen? Wenn Sie Ihre Rollen klar vor sich sehen, gehen Sie noch einmal Ihre wichtigsten Ziele durch. Wie passen diese zu Ihren unterschiedlichen Rollen? Ordnen Sie Ihre Ziele Ihren Rollen zu.

Rollen	**Ziele**

Bedenken Sie dabei, dass ein Ziel mehrere Rollen betreffen kann, zum Beispiel ist bei dem beruflichen Ziel, sich selbstständig zu machen, die Rolle als

Alleinverdiener für eine vierköpfige Familie ebenfalls betroffen.

Stimmen Rollenvorstellungen und Ziele überein, oder gibt es Punkte, an denen es hakt? Überprüfen Sie bei Missverhältnissen, wie wichtig Ziel und Rolle für Sie ist, ob Sie beispielsweise einen Kompromiss eingehen können oder ob Sie auf das Ziel oder auf die Rolle verzichten möchten oder können. Passen Sie Ihre oben erstellte Liste der Ziele (siehe Seite 132) an die neuen Erkenntnisse an.

Die Umsetzung der Ziele planen

Nun haben Sie Ihre Ziele alle beisammen. Aber diese Ziele nur definiert zu haben, reicht ja nicht aus. Der entscheidende Punkt muss noch geklärt werden: Wie und wann möchten bzw. können Sie Ihre Ziele umsetzen?

Notieren Sie sich für jedes Ziel ganz genau, welche Schritte notwendig sind, um es zu erreichen. Teilen Sie das Ziel dabei in kleine Schritte ein, und bestimmen Sie, bei welcher Gelegenheit Sie den ersten Schritt tun möchten. Finden Sie heraus, welche Fähigkeiten Sie benötigen, und ob sie Ihnen bereits zur Verfügung stehen.

Ziel 1:	• Was ist der erste Schritt, den ich gehen werde? • Wann will ich diesen ersten Schritt gehen? • Was brauche ich dafür, was würde meinen Erfolg begünstigen?
Ziel 2:	• Was ist der erste Schritt, den ich gehen werde? • Wann will ich diesen ersten Schritt gehen? • Was brauche ich dafür, was würde meinen Erfolg begünstigen?

Ziel 3:	• Was ist der erste Schritt, den ich gehen werde? • Wann will ich diesen ersten Schritt gehen? • Was brauche ich dafür, was würde meinen Erfolg begünstigen?
Ziel 4:	• Was ist der erste Schritt, den ich gehen werde? • Wann will ich diesen ersten Schritt gehen? • Was brauche ich dafür, was würde meinen Erfolg begünstigen?
Ziel 5:	• Was ist der erste Schritt, den ich gehen werde? • Wann will ich diesen ersten Schritt gehen? • Was brauche ich dafür, was würde meinen Erfolg begünstigen?...

Überprüfen Sie nach einiger Zeit, ob Sie Ihre ersten Schritte tatsächlich auch gegangen sind, und wie Sie nun weitermachen möchten und können. Wenn Sie ein Ziel nicht verwirklicht haben, überlegen Sie, woran das gelegen haben mag. Haben Sie sich überfordert? Passt dieses Ziel vielleicht doch nicht zu Ihrem Motivsystem? Oder ist die Umsetzung wirklich bisher einfach durch unglückliche Umstände verzögert worden?

Zukunftsvisionen entwickeln

Im vorangegangenen Kapitel ging es darum, wie Sie Ziele formulieren, überprüfen und umsetzen können. Dabei handelte es sich vor allem um kurz- und mittelfristige Ziele. Darüber hinaus ist es jedoch hilfreich, weiter nach vorne zu schauen und langfristige Visionen zu entwickeln. Wenn Sie eine Vorstellung von Ihrer Zukunft haben, können Sie sich ganz konkret Ziele setzen, die Sie Ihrem Wunschtraum näher bringen. Aber warum ist es für viele Menschen so schwierig, solche Lebensphantasien zu entwickeln? Häufig ist es eine innere kritische Stimme, die uns davon abhält, Träume zu haben. Viel zu schnell kommen uns Gedanken in den Sinn wie: Das klappt sowieso nicht, das kann ich nicht, solche unverschämten Ansprüche sollte man nicht haben …

Ihr persönlicher Lebenstraum

Die folgende Übung bietet Ihnen die Möglichkeit, Ihren persönlichen Lebenstraum zu entwickeln. Für diese Aufgabe ist es wichtig, dass Sie versuchen, einmal alle negativen und kritischen Gedanken beiseite zu legen. Trauen Sie sich, zu phantasieren. Denken Sie daran: Es ist alles erlaubt, niemand kontrolliert Ihre Gedanken, Sie können sich einfach treiben lassen. In der Phantasie ist alles möglich. Versuchen Sie, diese Momente ganz intensiv zu erleben, lassen Sie sich nicht durch kritische Gedanken von Ihrer Vision abhalten. Auf welchen Bereich Sie Ihre Vision beziehen, bleibt Ihnen überlassen: ob sie allgemein gültig ist, sich auf die Familie bezieht, auf den Beruf, die Karriere, den Sport, den Freundeskreis ... Schauen Sie für sich, was Ihnen wichtig ist.

Lassen Sie Ihrer Phantasie freien Lauf, Ihre Gedanken sind frei. Alles ist möglich, es gibt keine Beschränkungen.

Sie können sich für die Übung an einen besonders ruhigen Ort begeben oder einfach an einen Ort, an dem Sie sich wohl fühlen. Nehmen Sie sich in jedem Fall ausreichend Zeit, und vermeiden Sie Störungen oder Unterbrechungen. Sie können die Übung alleine durchführen oder auch mit einer Person, der Sie absolut vertrauen und von der Sie glauben, dass Sie sich mit Ihren Träumen nicht genieren oder zurückhalten müssen. Dies ist sinnvoll, wenn es Ihnen leichter fällt, die Übung mit geschlossenen Augen zu machen. Ihre Vertrauensperson könnte Ihnen die Fragen dann vorlesen. Wenn Sie aber den Eindruck haben, Sie fühlten sich durch die Anwesenheit einer anderen Person nicht wirklich frei, dann führen Sie die Übung alleine durch, denn es ist besonders wichtig, die Gedanken absolut frei schweifen zu lassen.

Phantasiereise in Ihre Zukunft

Stellen Sie sich vor, Sie sehen einen Film vor Ihrem inneren Auge. Die Hauptperson im Film sind Sie selbst, und zwar in der Zukunft, in vielleicht 20 Jahren. Stellen Sie sich vor, Sie könnten alles erreichen, was

Sie sich wünschen. Sie haben alle Fähigkeiten, die Sie benötigen, und erhalten jede nur denkbare Unterstützung von außen. Nehmen Sie sich für die einzelnen Fragen Zeit, lassen Sie Ihrer Phantasie freien Raum. Es gibt keine Grenzen. Spielen Sie mit den Möglichkeiten der Traumwelt ...

- Wo sind Sie in Ihrer Zukunft?
- Was sehen Sie?
- Was hören Sie?
- Sind Sie allein, oder sind noch andere Personen anwesend?
- Wie sieht Ihre Umgebung aus?
- Was tun Sie?
- Was denken Sie?
- Worauf sind Sie stolz?
- Was macht Sie glücklich?
- Spüren Sie diesem Bild nach. Wie fühlt es sich an? Stimmt alles ganz genau? Ist es „wie selbstverständlich"? Fehlt Ihnen noch etwas, oder ist alles da?
- Könnten Sie noch etwas verändern, um alles noch schöner zu machen, oder ist es so perfekt?

Versuchen Sie, möglichst viele Details Ihrer Vision wahrzunehmen und zu erleben. Schauen Sie sich um, und träumen Sie weiter. Wenn Ihnen Details noch unklar sind, versuchen Sie, für sich zu beantworten, wie Sie sie gerne hätten. Denken Sie daran, dass Sie die Situation nach Ihren Vorstellungen gestalten können. Verweilen Sie in dieser Vision so lange, bis sie das Gefühl haben, sich ein sehr konkretes Bild über die Situation verschafft zu haben. Wichtiger noch als die äußeren Gegebenheiten sind Ihre Gefühle. Versuchen Sie, in sich hineinzuhorchen und finden Sie heraus, wie Sie sich fühlen. Erst wenn Sie Ihre Stimmung wahrgenommen haben und diese Ihnen sagt, dass es genau so richtig ist, verlassen Sie die Situation langsam. Wenn Sie ein Bild nicht loslässt, verweilen Sie ruhig noch eine Weile dort, und betrachten Sie es. Nehmen Sie die Stimmung in sich auf. Wenn es für Sie in Ordnung ist, kehren Sie wieder in die Realität zurück.

Bringen Sie anschließend Ihre Vision zu Papier. Notieren Sie dazu alle Begriffe und Ideen, die Ihnen einfallen. Versuchen Sie, auch hier so ausschweifend wie möglich zu sein. Nutzen Sie alle Mittel, die Ihnen einfallen, Ihre Vision darzustellen. Dies können Worte und Begriffe sein, Sie können aber auch malen oder zeichnen. Vielleicht möchten Sie auch Zeitungsausschnitte oder Fotos sammeln und eine Collage anfertigen. Egal was, versuchen Sie nur, alles Wesentliche zu erfassen.

Meine Lebensvision

Wenn Sie das Gefühl bekommen, dass diese Vorstellung Ihrer Zukunft noch nicht ideal ist, gehen Sie noch einmal in Ihre Phantasie zurück. Haben Sie etwas übersehen? Gibt es etwas, das Sie noch lieber täten oder hätten? Haben Sie sich in der ersten Phantasie vielleicht nicht getraut, alles zu wollen und sich alles auszumalen? Oder haben Sie nicht genau hingehört, nicht reingespürt in Ihre Wünsche, nicht genügend nachgehakt? Gehen Sie spielerisch mit Ihren Träumen um, so wie Sie es als Kind getan haben: „Wenn ich mal groß bin ..." Sie könnten denken: „Wenn ich ... könnte, dann würde ich ..."

Malen Sie sich immer wieder Visionen aus, bis Sie wirklich das Gefühl haben: Die ist es, die passt genau. Testen Sie, ob Ihre Vision auch nach mehreren Tagen die gleichen positiven Gefühle hervorruft, oder ob Ihnen Zweifel an ihrer Güte (nicht an der Realisierbarkeit!) kommen. Wenn Sie sicher sind, Ihre Vision gefunden zu haben, gehen Sie über zum nächsten Schritt.

Lassen Sie sich Zeit. Feilen Sie so lange an Ihrer Vision, bis sie für Sie wirklich stimmt. Vertrauen Sie Ihrem Gefühl.

Realitätsprüfung der Vision

Um zu prüfen, ob Ihre Vision eine Chance auf Verwirklichung hat, sollten Sie zunächst folgende Frage beantworten: Halten Sie Ihre Vision prinzipiell für machbar?

Schauen Sie sich dazu Ihre Notizen und Bilder noch einmal an und prüfen Sie, welche Teile Ihres Traums möglich sind. Seien Sie dabei nicht allzu kritisch, auch wenn Sie an einigen Stellen Widerstände oder Mühen erwarten. Prüfen Sie an dieser Stelle nur, ob Ihre Vision prinzipiell machbar ist. Es gibt Visionen, die in der heutigen Zeit noch nicht realisierbar sind, zum Beispiel wie ein Vogel fliegen zu können. In diesem Fall müssen Sie die Frage verneinen. Versuchen Sie in diesem Fall einen alternativen Traum zu entwickeln. Wenn Sie jedoch nur generell fliegen wollen, sollten Sie Ihren Traum nicht zu schnell aufgeben. Es gibt viele Möglichkeiten, auch ausgefallene Visionen zu realisieren.

Denken Sie auch daran, welche Rollen Sie im Leben einnehmen: Ließe sich Ihre Vision prinzipiell mit diesen Rollen in Einklang bringen? Wenn Sie beispielsweise Vater von drei Kindern sind, wird sich die Vision, ein Schafhirte in den Bergen von Neuseeland zu sein, schwer damit vereinbaren lassen. Prüfen Sie, wie sich Ihre Träume mit solchen Realitäten verbinden lassen. Was finden Sie so erstrebenswert, so wünschenswert an Ihrer Vision? Lässt sich dies nicht auch anders erreichen? Träumen Sie neu. Vielleicht kollidiert Ihre Vision aber auch mit einer anderen Rolle, die Sie innehaben. Vielleicht mit Ihrem jetzigen Beruf, z. B. Ihrer Rolle als Lehrer. Vielleicht möchten Sie zugunsten Ihres Traums auf diese Rolle verzichten. Ein Beruf lässt sich leichter verändern als die Rolle des Vaters.

Wenn Sie zu dem Schluss kommen, dass große Teile oder vielleicht sogar die ganze Vision prinzipiell umsetzbar sind, stellen Sie sich die zweite entscheidende Frage: Trauen Sie es sich zu, diese Vision Wirklichkeit werden zu lassen? Wenn Sie auch diese Frage mit „Ja“ beantworten können, ist Ihre Vision es wert, auf eine erfolgreiche Umsetzung hin geprüft zu werden. Dazu kommen wir auf die Hauptfaktoren der Selbstverwirklichung zurück, die Sie im ersten Kapitel schon kennen gelernt haben: Können, Wollen, Dürfen und die Rahmenbedingungen.

Das Können

Prüfen Sie unter dem Punkt „Können", welche Kompetenzen und welches Fachwissen Sie benötigen, um Ihre Vision in die Tat umzusetzen. Welche dieser Fähigkeiten besitzen Sie bereits? Welche Kompetenzen können Sie darüber hinaus lernen?

Das Können
Welche Kompetenz, welches Fachwissen benötigen Sie für die Umsetzung Ihrer Vision?
Welche von diesen Fähigkeiten besitzen Sie bereits?
Welche Kompetenzen benötigen Sie zusätzlich?
Wie können Sie diese Fähigkeiten erwerben?

Das Wollen

Prüfen Sie, ob Ihre Vision sich mit Ihren Bedürfnissen in Einklang bringen lässt. Versuchen Sie, nichts umzusetzen, was Ihnen in diesem Punkt nicht ganz behagt. Überlegen Sie auch, inwieweit Ihre Vision Ausdruck Ihrer Wertvorstellungen ist.

Das Wollen
Welche Motivstrukturen oder Wertvorstellungen begünstigen die Umsetzung Ihrer Vision?
Von welchen Wertvorstellungen bzw. Motiven werden Sie geleitet?
Wo sind Diskrepanzen zu erwarten?
Sehen Sie Möglichkeiten, diese Diskrepanzen zu beseitigen?

Das Dürfen

Der Bereich „Dürfen" umfasst vor allem die Erwartungen anderer an Sie. Machen Sie sich bitte an dieser Stelle deutlich, welche grundlegenden Werte Ihren Mitmenschen wichtig sind. Wie würden die für Sie wichtigen Menschen auf Ihre Pläne reagieren? Das bedeutet nicht, dass Sie auf Ihre Vision verzichten sollen, wenn Sie mit Ablehnung rechnen. Niemand ist dazu verpflichtet, die Wünsche anderer Personen zu leben. Sie sollten aber berücksichtigen, welche Widerstände zu erwarten sind und wie Sie damit umgehen wollen. Dabei sollten Sie besonders die Bedürfnisse der Personen berücksichtigen, die Ihnen nahe stehen.

Das Dürfen
Welche Menschen sind von Ihrer Vision betroffen?
Welche Bedürfnisse oder Erwartungen dieser Personen sind dabei betroffen?
Welche Konsequenzen kann das nach sich ziehen?
Wollen Sie diese Folgen tragen?

Die Rahmenbedingungen

Die äußeren Bedingungen können für die Umsetzung Ihrer Vision ebenfalls von großer Bedeutung sein. Prüfen Sie an dieser Stelle, welche Voraussetzungen gegeben sein müssen. Gibt es z. B. Zulassungsbeschränkungen für ein Studium oder eine Ausbildung? Benötigen Sie bestimmte Zertifikate, müssen Fristen eingehalten werden etc.? Ebenso ist zu prüfen, über welche materiellen und zeitlichen Ressourcen Sie verfügen und welche Sie für die Umsetzung benötigen.

Die Rahmenbedingungen
Welche Rahmenbedingungen müssen erfüllt sein, damit Sie Ihre Vision umsetzen können?
Welche Voraussetzungen sind schon jetzt vorhanden?
Welche Bedingungen sind noch nicht ideal?
Was können Sie tun, um die Situation optimal zu gestalten?

Sehen Sie sich Ihre Notizen noch einmal an, und entscheiden Sie erneut, ob Sie Ihre Vision weiterhin für umsetzbar halten. Wenn ja, können Sie in die Planungsphase eintreten.

Planen Sie die Verwirklichung Ihrer Vision

Stellen Sie sich Ihre Vision als ein großes Projekt vor, das Sie in einem bestimmten Zeitrahmen abschließen wollen. Dazu ist es erforderlich, strukturiert und systematisch vorzugehen. Je nachdem, wie umfangreich Ihre Vision ist, können Sie sie nicht auf einmal umsetzen. Es ist also sinnvoll, kleine Pakete zu schnüren, dazu leiten Sie aus Ihrer Vision Ziele ab.

Ziele ableiten

Achten Sie bei der Formulierung Ihrer Ziele darauf, dass Sie wirklich benennen, was Sie anstreben. Sagen Sie also nicht, was Sie alles nicht wollen, sondern überlegen Sie sich genau, wie der Zustand aussieht, der Sie glücklich machen würde. Betrachten Sie dabei vor allem die Aspekte, die Sie selbst beeinflussen und tun können. Vermeiden Sie also Formulierungen wie „Die anderen sollen …“. Überlegen Sie stattdessen lieber, was Sie tun können, damit das gewünschte Ergebnis eintritt. Versuchen Sie, zunächst solche Ziele aus Ihrer Vision abzuleiten: Was wollen Sie erreichen? Was würde Sie glücklich machen?

Ziele, die sich aus meiner Vision ableiten lassen

Ziele analysieren

Um aus diesen Zielen nun konkrete Maßnahmen ableiten zu können, ist es notwendig, sie genau zu beschreiben. Häufig ist die erste Formulierung von Zielen noch sehr global. Durch genaueres Analysieren wird jedoch oft deutlich, dass sie sich in mehrere Teile aufteilen lassen. Nehmen wir einmal an, Sie hätten für sich das Ziel identifiziert, ein besserer Ehepartner sein zu wollen. Versuchen Sie nun, dieses Ziel so verhaltensnah wie möglich zu beschreiben. Was bedeutet es für Sie, ein besserer Partner zu sein? Sie wollen vielleicht mehr Verständnis zeigen oder mehr Zeit mit Ihrem Partner verbringen. Wie genau wird es aussehen, wenn Sie dieses Ziel erreicht haben? Wie werden Außenstehende oder Ihr Partner merken, dass Sie Ihr Ziel erreicht haben? Welche Teilziele ergeben sich aus Ihren Vorstellungen? Z. B. könnten Sie sich vornehmen, regelmäßig mit Ihrem Partner auszugehen.

Dabei kann es vorkommen, dass Sie zu einigen Zielen, die zeitlich sehr weit entfernt liegen, noch keine konkreten Vorstellungen formulieren können. Doch die Ziele, die Sie in nächster Zeit angehen wollen, können Sie mit Hilfe der Leitfragen nun genauer beschreiben.

Teilziele formulieren
Mit welchem Ziel wollen Sie beginnen? Nennen Sie das Ziel.
Was bedeutet das Ziel für Sie? Nennen Sie so viele Facetten, wie Ihnen einfallen.
Wie werden Außenstehende merken, dass Sie das Ziel erreicht haben?
In welche Teilziele lässt sich das Ziel untergliedern?

Maßnahmenkatalog für Teilziele erstellen

Wenn Sie ihre Ziele nun ganz klar vor Augen haben, überlegen Sie sich, was Sie konkret tun können, um diese zu erreichen. Dazu nehmen Sie sich jedes Ihrer Teilziele vor und überlegen, welche Maßnahmen Sie ergreifen müssen, um dieses zu erreichen. Manchmal kann es auch nötig sein, mehrere Dinge zu tun, um ein Ziel zu erreichen. Legen Sie in diesem Fall ganz genau fest, was Sie wann in welcher Reihenfolge tun wollen.

Wenn Sie sich z. B. als Teilziel vorgenommen haben, regelmäßig mit Ihrem Partner auszugehen, könnten Sie als Handlung beschließen, wieder einmal mit ihm ins Kino zu gehen. Formulieren Sie das, was Sie tun wollen, so spezifisch wie möglich. Sagen Sie also nicht: „Ich möchte mal wieder mit meinem Partner ins Kino gehen", sondern: „Ich werde meinen Partner am Samstagabend in den Film xy einladen." Durch diese genaue Formulierung wird der Plan sehr verbindlich, und die Wahrscheinlichkeit, dass Sie Ihr Ziel mit dieser Handlung angehen, wird größer.

Zur Formulierung Ihrer Maßnahmen können Sie folgendes Arbeitsblatt als Anleitung nutzen:

Teilziele umsetzen
Welches Teilziel wollen Sie zunächst umsetzen?
Was können Sie tun, um Ihr Ziel zu erreichen?
Wie genau wollen sie vorgehen?

Teilziele umsetzen
Wann wollen Sie diese Dinge tun?
Wenn Sie mehrere Handlungen planen: In welcher Reihenfolge wollen Sie vorgehen? 1. 2. 3. ...

Sollten Ihnen bei der Entwicklung des Maßnahmenkatalogs zu bestimmten Punkten Bedenken kommen, beziehen Sie diese in die Planung mit ein. Denn wenn Sie hinderliche Faktoren schon bei der Maßnahmenplanung berücksichtigen, erhöht dies die Wahrscheinlichkeit für das Gelingen. Wenn Sie z. B. als hinderlichen Faktor für den gemeinsamen Abend mit Ihrem Partner Ihre Kinder sehen, die abends beaufsichtigt werden müssen, überlegen Sie sich dafür eine Lösung. Sagen Sie nicht nur: „Ich werde meinen Partner am Samstagabend in den Film xy einladen." Legen Sie gleichzeitig fest, dass Sie am Montagmittag Ihre Mutter anrufen und sie bitten werden, an diesem Abend auf Ihre Kinder aufzupassen. Wenn Sie befürchten, dass Ihre Mutter keine Zeit hat, suchen Sie nach anderen Möglichkeiten, dieses Problem zu lösen. Dieses Beispiel verdeutlicht, wie komplex Maßnahmenbündel schon bei so einfachen Zielen werden können.

Es ist daher sinnvoll, diese Maßnahmen anschließend in einen übersichtlichen Plan zu übertragen. Dort können Sie dann direkt ablesen, was Sie bis wann tun wollen und was dabei zu beachten ist.

Detaillierter Handlungsplan Teilziel:			
Maßnahme	Bis wann?	Was beachten?	Erledigt
1. 2. 3. 4. 5. 6. …			

Karins Vision

Das Beispiel von Karin zeigt, wie die Entwicklung und ausführliche Analyse einer Vision aussehen kann.

Karin hat viele erfüllte Berufsjahre hinter sich. Doch seit geraumer Zeit ist sie nicht mehr zufrieden. Die Arbeit macht ihr keine Freude mehr. Sicherlich hat es immer schon einmal harte Zeiten gegeben, in denen sie sich durchbeißen musste, doch so ist es dieses Mal nicht. Die Vorstellung, ihre jetzige Arbeit auch noch in vielen Jahren zu machen, nimmt ihr die Freude, und sie hat keine Lust mehr, morgens aufzustehen und zur Arbeit zu gehen. Sie fragt sich, ob sie nicht doch noch etwas anderes aus ihrem Leben machen will. Aber soll sie wirklich ihren soliden und angesehenen Job aufgeben? Und woher kann sie wissen, ob sie etwas findet, was sie glücklicher und zufriedener macht?

Karin war eine gute Schülerin, das Lernen fiel ihr leicht, Mathematik war ihr bestes Fach. Es macht ihr Spaß, mit Menschen umzugehen und ihnen Dinge beizubringen, so war sie eine sehr beliebte Mitschülerin und verdiente ihr Taschengeld mit Nachhilfeunterricht. Nach ihrem Abitur überlegte sie lange mit ihren Eltern, welcher Beruf für sie in Frage käme, ob sie studieren sollte oder nicht. Schließlich entschied sie sich für eine Bank-Ausbildung, weil sie hier ihre Neigungen gut miteinander verbinden konnte.

Karin ging in ihrer Arbeit auf und wurde nach Abschluss ihrer Ausbildung in den Kreis der Nachwuchsführungskräfte aufgenommen. Sie absolvierte ein umfangreiches Weiterbildungsprogramm. Als ihr einige Jahre später die Position einer Filialleiterin angeboten wurde, ergriff sie diese Chance. Bereits nach kurzer Zeit wurde sie von Kunden und Mitarbeitern in ihrer neuen Rolle akzeptiert und konnte ihre Aufgaben kompetent und souverän erledigen.

Auch ihr Privatleben entwickelte sich erfreulich. Gleich nach seiner Meisterprüfung als Schreiner hielt ihr Lebensgefährte Peter um ihre Hand an. Inzwischen sind sie verheiratet und leben im eigenen Haus, Peter hat ein kleines Geschäft für Innenausbau und exklusive Einzelanfertigungen eröffnet.

Eigentlich müsste Karin zufrieden sein. Sie hat mehr erreicht, als sie zu Beginn ihrer Karriere erwartet hätte. Dennoch kann sie dieses Glück nicht richtig genießen. Nachdem sie die Herausforderungen ihrer neuen Position gemeistert hat, verliert sie zunehmend den Spaß an der Arbeit. Sie kann aufgrund ihrer Leitungsfunktion nur noch ausgewählte Kunden beraten und vermisst den intensiven Kontakt sehr. Ihren Mitarbeitern kann sie nicht mehr die freundschaftliche Kollegin sein, weil das nicht zu ihrer Rolle als Führungskraft passt. Gleichzeitig fühlt sie sich in der Bank nicht mehr wohl, sie hat klare Vorgaben und sieht wenig Gestaltungsspielraum. Als ihr das alles nach und nach klar wird, sieht sie sich innerhalb des Unternehmens nach weiteren Entwicklungsmöglichkeiten um. Doch sie spürt, dass sie sich nur halbherzig für eine andere Position engagiert. „Eigentlich", denkt sie, „eigentlich möchte ich jetzt etwas ganz anderes machen."

Karin traut sich zunächst kaum, sich diesen Wunsch einzugestehen. Sie spürt, dass es sich um eine große Veränderung handeln wird. Ob sie das ihrem Mann zumuten kann? Schließlich ist erst seit wenigen Monaten etwas Ruhe in ihr bewegtes Leben gekommen. Bis dahin gab es immer wieder große Herausforderungen, die gemeistert werden wollten. Die Meisterprüfung ihres Mannes, die Eröffnung des Geschäftes, der Kauf des eigenen Hauses und dann ihr Karrieresprung in die Führungsebene. Und jetzt schon wieder etwas Neues?

An einem gemütlichen Freitagabend spricht Karin mit ihrem Mann. Peter kann seine Frau verstehen und macht ihr Mut, über eine andere Zukunft nachzudenken, und fragt sie, ob sie denn schon eine Idee habe. „Psychologin", sagt sie, „ich glaube, ich möchte Psychologin werden." Karin ist etwas aufgeregt, als sie das zum ersten Mal ausspricht. Sie ist über sich selbst erstaunt. Will sie wirklich Psychologin werden? Sie hatte noch nie ernsthaft darüber nachgedacht. Warum hatte sie das jetzt nur so spontan gesagt? Meinte sie das wirklich ernst? „Es ist nur so eine Idee", ergänzt sie schnell. „Aber eine, die ich mir gut für dich vorstellen könnte", meint ihr Mann. Er habe schon mehrfach gedacht, dass ihr dieser Beruf gefallen würde, weil sie immer so begeistert von den Trainern aus ihrer Weiterbildung berichtet hatte. Karin ist zu aufgewühlt, um das Gespräch über ihre Zukunft fortzusetzen, und nimmt sich vor, in einer ruhigen Stunde ihre Gedanken zu sortieren.

Einige Tage später hat Karin einen Abend für sich allein. Es ist noch früh, und da es nach einigen Regentagen zum ersten Mal wieder trocken ist, macht sie einen ausgiebigen Spaziergang. Sie hat sich inzwischen daran erinnert, wie sehr ihr damals die Arbeit der Trainer gefallen hatte und dass sie sich mehrfach vorgestellt hatte, wie es wäre, wenn sie in dieser Rolle wäre. Anderen etwas beizubringen, hat ihr schon immer Spaß gemacht. Sie sagt leise: „Guten Tag, meine sehr verehrten Damen und Herren. Ich freue mich sehr, Sie zum Training für Führungskräfte begrüßen zu dürfen. Mein Name ist Karin, und ich bin für die nächsten beiden Tage ihre Trainerin." Sie merkt, dass ihr die Tränen kommen. Jetzt bloß nicht rührselig werden, versucht sie, sich zu beruhigen. Aber sie ist einfach zu ergriffen. Sie setzt sich für ein paar Minuten auf eine Parkbank und atmet tief durch. Ja, diese Vorstellung gefällt ihr. Das wäre wirklich eine Aufgabe, die sie erfüllen würde. Sie stellt sich vor, wie sie den Teilnehmern das Kommunikationsmodell von Schulz von Thun erklärt. Einer von den Teilnehmern winkt nur ab und erklärt, dass das ja ein alter Hut sei. Sie schmunzelt nur und antwortet ihm freundlich: „Wunderbar, dass Sie das Modell schon kennen. Vielleicht können Sie gleich ein wenig von Ihren Erfahrungen damit berichten." Der Teilnehmer fühlt sich ganz offensichtlich als Experte anerkannt und lehnt sich zufrieden zurück. Karin spürt, wie ihr Herz klopft. Diese kleine Herausforderung hat sie gut gemeistert. Sie lächelt. So schnell kann man sie nicht erschüttern. Immerhin ist sie eine gestandene Frau. Sie beantwortet viele Fragen, es wird lebhaft diskutiert. Bei den Rollenspielen spürt sie die Anspannung der Teilnehmer. Eine Frau hat ganz rote Wangen, ihr Kollege spricht vor Nervosität ganz schnell. Karin gelingt es, den Teilnehmern den Erfolgsdruck zu nehmen, und dann macht es allen richtig Spaß. Sie trauen sich, neue Verhaltensweisen auszuprobieren, und geben sich gegenseitig hilfreiches Feedback. Karin ist glücklich. Genau so hat sie sich Lernen immer vorgestellt. Dann ist der Tag vorbei. Die Teilnehmer verabschieden sich. Karin räumt auf und bereitet alles für den kommenden Tag vor. Morgen geht es um Konfliktgespräche. Ob sie das auch so gut vermitteln kann? Keine Frage, natürlich kann sie. Da ist sie sich ganz sicher.

Es fängt an zu nieseln. Karin macht sich auf den Heimweg. Sie hat genug geträumt und genießt die Gewissheit, dass sie sich auf so eine Zukunft sehr freuen würde.

Zu Hause angekommen, betrachtet sie ihre Vision einmal ganz realistisch. Trainer kann man ja auch ohne ein Psychologiestudium werden. Soll sie wirklich die Mühen eines Studiums auf sich nehmen? Und muss es dann Psychologie sein? Diese Fragen kann sich Karin schnell beantworten. Sie will Psychologie studieren, weil sie neben dem Trainerberuf das Thema so interessiert. Außerdem hat sie keine Probleme, zu lernen. Statistik soll sehr anspruchsvoll sein, aber sie war ja gut in Mathematik. Sie hat keinen Zweifel an ihrer Kompetenz und ist sich sicher, das Studium zu schaffen. Ihr Mann steht hinter ihr, und das würde ihr in Phasen von großem Prüfungsstress sicher eine Hilfe sein. Aber wie sieht die finanzielle Lage aus? Wenn das Paar für einige Jahre ohne Karins beachtliches Gehalt auskommen muss, sind deutliche Einschränkungen erforderlich. Sind beide bereit, sich darauf einzulassen, auf Urlaub, kostspieliges Essen, Designer-Garderobe usw. zu verzichten? Karin überschlägt das Budget und kommt zu dem Ergebnis, dass auch bei konsequentem Sparen das Einkommen ihres Mannes für die Deckung der laufenden Verpflichtungen nicht reichen wird. Sie muss sich also um weitere Einnahmen kümmern. Sie könnte ihren Sportwagen verkaufen und gegen einen kleinen Gebrauchtwagen eintauschen. Außerdem müsste sie einen Teilzeit-Job bekommen, z. B. an der Uni oder vielleicht auch in den Semesterferien in der Bank. Das will sie in jedem Fall ausführlich mit ihrem Mann besprechen.

Sie stellt sich vor, wie ihre Kollegen und ihre Vorgesetzten reagieren, wenn sie von ihren Plänen erfahren. Da werden einige sein, die sie sehr gut verstehen und sie zu ihrer mutigen Entscheidung beglückwünschen werden. Aber sie weiß genau, dass es andere geben wird, die sie für verrückt erklären werden. Du hast doch einen sicheren Job hier, wie kannst du den aufgeben? Du weißt doch gar nicht, ob du später überhaupt einen Job als Psychologin bekommst. Schließlich bist du nicht mehr die Jüngste, und die Konkurrenz ist groß. Zurück in die Bank kannst du dann ganz bestimmt nicht mehr. Wolltet ihr nicht eigentlich auch Kinder? Da wird deine Mutter sicher traurig sein, wenn sie keine Enkelkinder bekommt. Hat denn dein Mann so gut zu tun, dass ihr euch das leisten könnt? So viele Einschränkungen, nur für deine Selbstverwirklichung? Findest du das nicht ziemlich egoistisch? Karin wird traurig. An all diesen Argumenten ist etwas dran. Vielleicht wäre es wirklich am besten, wenn sie ihre Vision im Reich der Phantasie beließe? Aber so einfach geht das jetzt nicht mehr. Sie hat erlebt, was es für ein unglaubliches Gefühl ist, ihren neuen Weg zu gehen. Und davon lässt sie sich so schnell nicht mehr abbringen. Sie nimmt sich vor, sich ein paar gute Antworten für ihre Kritiker zu überlegen.

Als Nächstes ist nun zu überlegen, was alles zu tun ist. Es ist ein großes Projekt: Bewerbung um einen Studienplatz, Kündigung des Arbeitsplatzes, Analyse der Haushaltslage, Streichung aller nicht notwendigen Ausgaben, Auto verkaufen und andere Geldquellen auftun. Zunächst will sie mit ihrem Mann über die finanzielle Situation sprechen und mit ihm gemeinsam eine Strategie entwickeln, wie sie die nächsten Jahre über die Runden kommen können. Außerdem müsste sie in Erfahrung bringen, was sie tun muss, um einen Studienplatz zu erhalten, wenn möglich in der Nähe. Sie will sich informieren, wie lang die Mindeststudienzeit ist und wie sie sich vorbereiten kann, um gleich von Anfang an gut mitzukommen. Sie nimmt sich vor, Kontakt zu einer Trainerin aufzunehmen, die sie bei ihren Weiterbildungen kennen gelernt hat. Vielleicht ist sie bereit, ihr etwas über das Studium und die Zeit danach zu erzählen. Vielleicht kann sie bei ihr auch ein Praktikum machen. Karin lächelt vor sich hin. Für einige Wochen noch ist sie die kompetente, erfahrene Filialleiterin, dann wird sie in die Rolle einer neugierigen, engagierten und leidenschaftlichen Studentin schlüpfen. Wenn das kein Abenteuer ist ...

Effizienz

Die vorangegangenen Kapitel haben sich mit zwei Kernthemen beschäftigt: Klarheit und Orientierung. Durch die intensive Auseinandersetzung mit Ihren Motiven, Einstellungen und Werten konnten Sie sich Klarheit darüber verschaffen, was Ihnen im Leben wichtig ist. Anschließend wurden auf dieser Basis Ziele und Visionen entwickelt, die Ihnen zu einer Orientierung verhelfen, wie Sie Ihr weiteres Leben gestalten möchten, es wurden Pläne gemacht, wie Ihnen das gelingen kann.

Das folgende Kapitel dreht sich um das Thema Effizienz: Es geht darum, welche Kompetenzen und Strategien Ihnen helfen, Ihre Ziele im Alltag zu realisieren. Ihr Zielerreichungssystem ist aktiviert – nun steht im Vordergrund, wie Sie sich selbst steuern können, um Ihren Weg trotz möglicher Hindernisse und Widerstände zu gehen.

Wer etwas wagt, wird mit Zweifeln, Kritik und Misserfolgen konfrontiert. In diesem Kapitel erfahren Sie, wie Sie mit solchen Hindernissen fertig werden.

Sind Sie eher derjenige, der intensiv und gründlich alle wichtigen Aspekte beleuchtet, bevor er eine Entscheidung trifft, oder entscheiden Sie mehr „aus dem Bauch heraus"? Setzen Sie eine einmal getroffene Entscheidung konsequent um, oder befallen Sie nach der Entscheidung Selbstzweifel? Wie Sie mit Entscheidungen und Zweifeln umgehen, wird als Erstes unter die Lupe genommen.

Sicherlich ist es Ihnen auch schon passiert, dass Sie – nachdem Sie sich für eine bestimmte Handlungsweise entschieden hatten – Familie und Freunden davon erzählt haben und diese mit kritischen Bemerkungen auf Ihre Entscheidung reagiert haben. Wie Sie mit Kritik umgehen und welche Übungen dabei nützlich sein können, wird ein weiterer Punkt sein.

Leider läuft im Leben nicht immer alles glatt, wir müssen auch Rückschläge und Misserfolge überwinden – damit werden wir uns im Folgenden ebenfalls näher beschäftigen.

Wenn man sich ein neues Ziel setzt, ist das unweigerlich mit Herausforderungen verbunden, denen es sich zu stellen gilt. Sie werden dazu einige theoretische Aspekte kennen lernen sowie praktische Übungen, die Sie nutzen können, um Herausforderungen effektiv zu begegnen.

Entscheidungen und Zweifel

Es gibt immer wieder Phasen im Leben, in denen ein Vorhaben ins Stocken geraten kann, in denen man unsicher ist, wie man weiter vorgehen soll. Dann muss man sich entscheiden, welchen Schritt man als Nächstes unternehmen wird, um aus dieser Lage wieder herauszukommen. Häufige Überlegungen in solchen Phasen sind folgende:

- Ist das angestrebte Ziel überhaupt das Richtige bzw. gäbe es nicht doch eine bessere Alternative?
- Erscheint das Ziel trotz verschiedener Hindernisse immer noch erreichbar?

Umgang mit Zweifeln

Zweifel tauchen meist auf, wenn man bei seinem Vorhaben auf Widrigkeiten stößt, sei es durch die Kritik von anderen, durch kleinere Misserfolge oder durch Angst vor der eigenen Courage. Dann überlegt man, ob man damals, als man sich für sein Vorhaben entschieden hatte, überhaupt eine richtige Entscheidung getroffen hat oder ob nicht doch eine andere Entscheidung besser gewesen wäre.

Angelika studiert Medizin. Als sie im Rahmen ihres Physikums durch die Biochemie-Klausur fällt und die nächste auch nicht einfacher zu werden scheint, bekommt sie Zweifel: Ist Medizin vielleicht doch nicht das Richtige für sie? Sie hatte nach dem Abitur auch erwogen, Lehrerin zu werden, denn die Arbeit mit jungen Menschen macht ihr sehr viel Freude. Sie hätte dann Sprachen und Sport studiert, Fächer, in denen sie in der Schule sehr gut war. Vermutlich wäre ihr dieses Studium viel leichter gefallen, und auch ihre Mutter hat immer gesagt, sie solle sich das gut überlegen. Als Ärztin eine Familie zu gründen, sei ja nun nicht so leicht und sie wolle doch auch Kinder, oder?! Will sie wirklich Ärztin werden? Das hieße, sie müsste die Zähne zusammenbeißen und hart für diese Klausur lernen. Oder soll sie doch ihr Studienfach wechseln? Noch hat sie ja nicht so viel Zeit verloren. Immer dann, wenn sie glaubt, dass sehr viel mehr Argumente für einen Wechsel sprechen, fallen ihr auch wieder gute Gründe für die Fortsetzung ihres Medizinstudiums ein. Mit jungen Menschen kann sie auch als Ärztin arbeiten, sie könnte sich z. B. auf Sportmedizin spezialisieren. Und die Vorstellung, später einmal eine eigene Praxis aufmachen zu können, ist ebenfalls sehr reizvoll. Angelika ist hin- und hergerissen zwischen diesen beiden Alternativen – sie ist voller Zweifel.

Zweifeln bedeutet, mehrere Möglichkeiten zu haben und sich nicht eindeutig für eine entscheiden zu können.

Das Wort Zweifel kommt von „zwei Fälle". Wenn es schwierig wird, kann es sein, dass der Verstand einen zweiten Fall ins Spiel bringt und uns – wenn wir nicht gegensteuern – auf diese Weise verzweifeln lässt.

Warum ist das so? Zunächst einmal ist man fast automatisch versucht, Anstrengung und drohende Misserfolge zu vermeiden. Wenn Angelika ihr Physikum bestehen will, muss sie die Klausur bestehen. Damit ihr das gelingen kann, muss sie sich noch einmal intensiv mit dem Lehrstoff auseinandersetzen und – weil das ihre letzte Wiederholungsmöglichkeit ist – muss sie sich so gründlich vorbereiten, dass sie die Klausur auch wirklich besteht. Allein der Gedanke daran löst bei Angelika ziemlichen Stress aus. Wie konnte sie sich das nur antun? Lehrerin wäre doch auch ein guter Beruf, und das wäre jetzt nicht so stressig. Es sei hier dahin gestellt, ob das tatsächlich der Fall wäre. Zumindest erscheint es Angelika zum jetzigen Zeitpunkt so. Und so wird die Alternative, die damals die zweitbeste war, plötzlich wieder attraktiv.

Diesen Mechanismus kennen wir alle. Er gehört mit zu den am besten erforschten Phänomenen in der Psychologie.* Das, was als innere Grundsatzdiskussion erbittert geführt wird, ist nichts anderes als ein Mechanismus zur Reduzierung von Stress. Sollte Angelika sich davon verleiten lassen, ihr eigentliches Ziel aufzugeben? Natürlich nicht! Wenn sie erkannt hat, welches innere Spiel hier gespielt wird, kann sie stattdessen die Zeit und Energie nutzen, um sich auf die Klausur vorzubereiten.

Problemorientierung und Lösungsorientierung

Die Art und Weise, wie Menschen auf solche Irritationen wie eine nicht bestandene Klausur reagieren, ist individuell sehr unterschiedlich. Manche stellen ihre Entscheidung grundsätzlich in Zweifel, andere überlegen sich stattdessen eher, wie sie trotz des nun zusätzlich erforderlichen Zeitaufwands zum Lernen ihre Freizeitaktivitäten uneingeschränkt fortführen kön-

* Hierbei handelt es sich um die Dissonanztheorie von Leon Festinger.

nen. Dahinter stehen jeweils verschiedene Denkweisen: Die eine konzentriert sich eher auf die Analyse des Problems, die andere eher auf eine Lösung. Häufig handelt es sich dabei um Gewohnheiten, das heißt, man neigt grundsätzlich entweder zur einen oder zur anderen Herangehensweise.

Wenn man sich den Prozess der Entscheidungsfindung und späteren Umsetzung der Entscheidung anschaut, wird klar, dass in jeder Phase andere Herangehensweisen sinnvoll sind.

In wichtigen Situationen, in denen eine Entscheidung bedeutende Konsequenzen hat, ist es von Vorteil, alle Möglichkeiten, Voraussetzungen und Konsequenzen gründlich zu analysieren. Dies schützt vor Fehlschlüssen und ermöglicht eine bessere Sicht auf die Folgen einer Handlung. Nach reiflicher Überlegung sollte man dann aber auch handeln, also eine Entscheidung treffen bzw. eine Lösung finden und diese konsequent durchsetzen.

Ob sich jemand auf die Analyse oder auf die Lösung eines Problems konzentriert, ist eine Frage der Gewohnheit und des Typs. Ideal ist eine Mischung aus beidem.

Es gilt also, seine Überlegungen in die Tat umzusetzen. An diesem Punkt müssen nicht alle überhaupt denkbaren Aspekte betrachtet worden sein. Oft reicht es aus, nur die wirklich wesentlichen Aspekte gründlich zu studieren. Menschen mit einer extremen Problemorientierung wollen sich häufig ein zu genaues Bild der Lage verschaffen. Sie neigen dazu, alle noch so unwichtigen Vor- und Nachteile zu betrachten und die Situation bis ins kleinste Detail zu analysieren. Dies kann so weit gehen, dass sie sich irgendwann im Kreis drehen und so in ihren Zweifeln gefangen sind, dass sie nur noch enttäuscht oder ärgerlich sind, weil sie nicht weiterkommen. In ihrer akribischen Beschreibung der

Lage haben sie die Gesamtsituation und somit das eigentliche Ziel aus den Augen verloren. Sie werden praktisch handlungsunfähig, weil sie sich nach all diesen Überlegungen, diesem Für und Wider nicht mehr trauen, eine Entscheidung zu treffen – es könnte ja die falsche sein. Sie sind sich ihres eigenen Gefühls nicht mehr sicher, können nicht mehr sagen, was sie eigentlich wollen. Dies kann dazu führen, dass sie in ihrer eigenen Lage verharren und dies zutiefst bedauern. Es kann aber auch dazu führen, dass Erwartungen und Wünsche anderer mit den eigenen Bedürfnissen und Zielen verwechselt werden.

Hierzu noch einmal das Beispiel von Angelika. Da ihre Zweifel über das Medizinstudium immer stärker werden, macht sie sich immer häufiger Gedanken dazu. Sie kann sich nur noch schwer auf das Lernen konzentrieren und fühlt sich nicht wohl in ihrer Haut. Egal welche Möglichkeit sie durchspielt, immer wieder fallen ihr Gegenargumente ein. Was ist, wenn sie ihr Medizinstudium schmeißt, dies aber für immer bereut? Und was ist, wenn sie eine ganz schlechte Ärztin wird und eine viel bessere Lehrerin wäre?

In ihrer Not wendet sie sich an ihre Tante – was ihre Mutter dazu sagt, weiß sie ja. Die Tante hält nicht viel davon, schnell aufzugeben. Man muss da halt durch. Sie selbst habe schließlich auch das Medizinstudium erfolgreich bestanden und sei jetzt überaus zufrieden. Angelika geht mit dem Gefühl nach Hause, endlich eine Antwort zu haben. Aber sie ist sich nicht sicher, ob für sie das gleiche gilt wie für ihre Tante. Diese wollte z. B. auch nie Kinder bekommen. Und wieder weiß Angelika nicht, was sie denkt, fühlt und wie sie sich verhalten soll. Sie ist nach wie vor darin gefangen, alle Aspekte abzuwägen und findet kein Ende.

Menschen, die sich eher auf die Lösung von Problemen konzentrieren, überlegen stattdessen, was genau sie tun können. Hierzu gehören Überlegungen, welche Schritte sie nun gehen möchten, in welcher Reihenfolge dies zu tun ist, und anschließend wird gehandelt. Sinnvollerweise sollte dieser Umsetzungsdrang an genau dem Punkt einsetzen, an dem der Prozess der Entscheidungsfindung ausgereift ist, d.h., die wichtigsten Aspekte beleuchtet worden sind und somit einer Fehleinschätzung der Lage und ihrer Konsequenzen vorgebeugt wurde. Manchmal neigen Menschen mit einer ausgeprägten Lösungsorientierung dazu, „aus der Hüfte zu schießen". Sie handeln sehr schnell und denken erst hinterher wirklich gründlich darüber nach, was ihr Verhalten bewirkt hat.

Ideal ist also eine Mischung aus Problem- und Lösungsorientierung: Jemand, der zunächst überlegt, in welcher Lage er sich befindet – dies aber nicht exzessiv betreibt –, und dann ohne großes Zögern sein Verhalten an diesen Resultaten ausrichtet.

Gedankenmanagement

Neigen auch Sie wie Angelika dazu, sich in ein Problem zu verbeißen und daran zu verzweifeln? Dann sollten Sie sich einmal genauer mit Ihren Gedanken und den dabei ablaufenden Vorgängen beschäftigen. Doch auch für Lösungsorientierte kann ein bewusstes Gedankenmanagement sinnvoll sein, denn es hilft dabei, die eigene Denkweise zu optimieren (siehe dazu auch das Kapitel „Der Gedankenstopp“ Seite 175).

Wie genau sollte dieses Gedankenmanagement aussehen? Wie kann ich effektiver handeln, entscheiden und planen?

Den Kern des Problems erfassen

Zunächst ist es wichtig, in Entscheidungssituationen die Aufmerksamkeit auf den Kern des Problems zu lenken. Was genau ist denn das Problem?

Am Beispiel von Angelika könnte dies so aussehen, dass sie sich zunächst überlegt, ob es wirklich um die Frage „Medizin oder nicht“ geht oder ob nicht vielmehr die Angst, bei der nächsten Klausur wieder zu versagen, zentrales Thema ist.

Die wichtigen Aspekte herausfiltern

Ist das Wesentliche des Problems erfasst, kann im zweiten Schritt geschaut werden, welche wichtigen Aspekte betrachtet werden müssen und welche nur den Entscheidungsprozess verzögern. Auch hier sollte man bewusst versuchen, die eigenen Gedanken zu kontrollieren und zu steuern. Ist man eher problemorientiert, geht es an dieser Stelle darum, bewusst zu registrieren, wann die Gedanken zu unwesentlichen Aspekten abschweifen, und diese Gedanken wieder in die richtige Bahn zu lenken. Ziel ist es, die positiven und negativen Seiten differenziert wahrzunehmen und zu bewerten.

Angelika ist zu dem Schluss gekommen, dass Ihr Problem nicht die Angst vor der Prüfung ist. Schließlich hat sie auch früher schon einmal etwas nicht bestanden. Vielmehr wird ihr klar, dass sie einfach gar kein Interesse an dem Fach hat und es ihr daher sehr schwer fällt, konzentriert zu lernen. Sie überlegt also, welche positiven und welche negativen Seiten das Medizinstudium aufweist. Noch vergleicht sie nicht mit einem anderen Studium. Dies würde möglicherweise ablenken. Aspekte, wie „Hier kenne ich schon viele Leute" streicht sie raus. Sie weiß, dass sie schnell wieder neue Kontakte knüpfen kann und ihre alten nicht verloren gehen. „Viele der anderen Fächer interessieren mich sehr", ist ein Punkt, der stehen bleiben darf. Denn das ist ein wichtiges Kriterium, entscheidet sie. Genauso wie „In meinem Krankenhauspraktikum habe ich oft gemerkt, dass ich auf dem richtigen Weg bin".

Handlungsorientierte Personen sollten darauf achten, dass sie nicht vorschnell Schlüsse ziehen, und gefundene Ursachen und Zusammenhänge kurz überprüfen.

Mut zur Entscheidung

Im dritten Schritt geht es darum, sich zu entscheiden – und die Entscheidung dann auch wirklich in die Tat umzusetzen. Bei der Realisierung dieses Schritts kann es helfen, wenn man von einer vertrauten Person Zuspruch bekommt. An diesem Punkt sollte man sich nämlich dessen bewusst sein, dass es gerade bei zwei ähnlich guten Alternativen immer auch Argumente für oder gegen diese Entscheidung geben wird. Man muss lernen, dass es nicht nur „Entweder-oder" gibt, sondern „sowohl-als-auch". Diese kleine Ungewissheit, dass die eine Lösung nicht perfekt ist und die andere auch eine Möglichkeit gewesen wäre, muss man ertragen lernen, denn sie wird immer da sein. Es gibt in solchen Situationen fast nie die perfekte und völlig einwandfreie Lösung.

Die ganze Energie, die man sonst oft in unnötig lange Entscheidungsprozesse oder auch vorschnelle Handlungen setzt, sollte nun kontrolliert genutzt werden: für einen guten Überblick über die Lage und eine zielstrebige Umsetzung. Oft hilft es auch, kurz in sich hineinzuhören: Was sagt mein Gefühl zu dieser Entscheidung? Denn auch hier kann die Antwort liegen.

Bei gleichwertigen Alternativen muss man akzeptieren, dass es möglicherweise keine perfekte Lösung gibt. Den Zweifel, ob die andere Möglichkeit letztlich besser gewesen wäre, kann man nie ausräumen und muss man ertragen lernen.

Angelika ist sich nun relativ sicher, dass Medizin gut ist. Doch kurz taucht wieder die Frage auf, ob denn nicht auch Lehrerin ... Ihr Vater gibt ihr einen Rat: Wenn beide Möglichkeiten gleich gut sind, dann wirf doch eine Münze. Angelika ist empört, sie fühlt sich nicht ernst genommen. Doch etwas später überlegt sie, weshalb ihr Vater eine solche Lösung in einer so wichtigen Frage vorschlägt. Langsam versteht sie den Sinn. Wenn wirklich beides gleich gut ist, dann kann sie ruhig den Zufall entscheiden lassen. Wenn sie aber doch eine Präferenz hat, wird sie es, sobald sie die Münze geworfen hat, merken: Freut sie sich über das Ergebnis, dann passt es zu ihren wahren Wünschen. Ist sie aber enttäuscht, dann wird sie erkennen, dass diese Möglichkeit nicht wirklich ihren Bedürfnissen entspricht, und sie wird daher die andere Möglichkeit als richtig erkennen. Als ihr dies bewusst wird, ist ihre Entscheidung gefallen: Sie entscheidet sich für Medizin, denn dazu drängt sie ihr Gefühl. Nun überlegt sie konkret, wie sie die Vorbereitungen für ihre Klausur doch schaffen kann und wie sie in Zukunft mit weniger interessanten Fächern umgehen will.

Realistisch bleiben

Es lohnt sich also nicht, den Großteil der Zeit und Energie in die akribische Analyse der eigenen Lage zu investieren. Vielmehr ist ein gesundes Gleichgewicht zwischen Überlegen und Handeln zu schaffen. Wichtig ist, eine Entscheidung zu treffen und diese auch tatsächlich umzusetzen. Man findet schließlich immer Gründe, zu zweifeln.

Es gilt jedoch auch realistisch zu bleiben. Denn es kann auch durchaus berechtigte Zweifel an einer Entscheidung geben, nämlich wenn trotz aller Bemühungen bestimmte Leistungsanforderungen nicht erfüllt werden können, man sich also einfach komplett überfordert hat. Dann hat es keinen Sinn, verbissen an etwas festzuhalten. Wenn z. B. Angelika zu dem Schluss kommt, dass sie einfach keine Chance hat, die Klausur und vielleicht auch weitere zu bestehen, sollte sie das Ziel, Ärztin zu werden, aufgeben.

Wer seine Ziele und Visionen jedoch im Vorfeld gründlich überprüft hat – wie im Kapitel „Klarheit" beschrieben – dürfte relativ sicher sein, dass er es grundsätzlich schaffen kann.

Der Gedankenstopp

Für Menschen, die aus dem Grübeln einfach nicht heraus kommen, ist die Technik des Gedankenstopps sehr hilfreich. Sie hilft, wenn Sie sich zu keiner Entscheidung durchringen können, aber auch in Situationen, in denen Ihre rotierenden Gedanken Ängste auslösen und Sie dadurch einschränken.

Beispielsweise sind für viele Menschen Situationen, die sie schwer einschätzen können, bedrohlich. So kann das neue Computerprogramm bei der Sekretärin, die nach längerer Babypause wieder in das Berufsleben einsteigen will, ein Gedankenkarussell in Gang setzen: „Das schaffe ich nie", „Das ist für mich viel zu schwer", „Ich mache sowieso ständig Fehler". Dies hindert sie am Erlernen neuer Fertigkeiten.

Die Anwendung des Gedankenstopps wird Ihnen helfen, den unbewussten Vorgängen auf die Schliche zu kommen, sie zu identifizieren und zu kontrollieren.

Den Gedankenstopp anwenden

Wenn Sie feststellen, dass unangenehme Gedanken und Gefühle aufkommen, rufen Sie innerlich „Halt!" oder „Stopp!". Sinnvoller ist es noch, wenn Sie sich die bedrohliche Situation vorstellen. Sobald die entsprechenden Gedanken und Gefühle auftauchen, wenden Sie den Gedankenstopp an.

Wenn der einfache Befehl nicht genügt, können Sie zusätzlich auch eine Hand zur Faust ballen, sich kneifen oder auf den Tisch hauen. Dies kann den Befehl unterstützen.

Stoppen Sie das Gedankenkarussell, indem Sie innerlich „Halt!" oder „Stopp!" rufen. Zur Verstärkung können Sie auch eine Hand zu Faust ballen.

Nachdem Sie das Gedankenkarussell gestoppt haben, müssen Sie den Gedanken eine neue Richtung geben, also an etwas anderes denken. Da die Katastrophengedanken Ihre Handlung blockiert haben, ist es sinnvoll, dass Ihre Alternativgedanken lösungsorientiert sind. Was können Sie tun, um die Lösung voranzutreiben? Welche positiven Konsequenzen würde eine mögliche Lösung mit sich bringen? Versuchen Sie, sich vorzustellen, welche angenehmen Gefühle in Ihnen auftreten könnten.

Verzweifeln Sie nicht, wenn Ihnen der Gedankenstopp nicht sofort gelingt. Angst erzeugende und negative Gedanken können sehr hartnäckig sein. Wiederholen Sie die Technik einfach immer wieder, und mit der Zeit werden Sie feststellen, dass sich die Anwendung des Gedankenstopps wirklich lohnt.

Mit Kritik umgehen

Kritik begegnet uns im Leben immer wieder. Dies kann im beruflichen Kontext vorkommen, aber auch im familiären Rahmen oder im Bekanntenkreis. Gerade wenn wir einen neuen Weg einschlagen – z. B. uns selbstständig machen, ein Studium abbrechen oder wechseln, einen neuen Partner finden oder unsere Kinder anders erziehen, als es die Eltern tun – werden wir uns verstärkt der Kritik anderer gegenüber sehen.

Die Frage ist, wie wir sinnvoll damit umgehen können. Dazu müssen wir erst verstehen, was Kritik überhaupt in uns auslöst und woher diese Reaktionen kommen.

Jeder kennt dieses Gefühl, wenn er kritisiert wird: Man ist wie vor den Kopf gestoßen, man empfindet Wut oder Scham, man reagiert möglicherweise gereizt oder aggressiv, hört nicht mehr zu oder geht sogar weg. Aber warum trifft einen Kritik so sehr? Warum bringt sie einen so sehr aus dem Gleichgewicht? Die Antwort ist einfach: Kritik greift den Selbstwert an.

Sie haben sicherlich schon einmal bemerkt, dass Sie besonders empfindlich auf Kritik reagieren, wenn Sie sich Ihrer Sache selbst nicht so ganz sicher sind oder Sie noch nicht so viele Fähigkeiten, so viel Wissen erwerben konnten, dass Sie auf jede Frage oder Kritik eine passende Antwort parat haben. Wenn Sie sich hingegen Ihrer Position sicher sind, wird Kritik eher an Ihnen abprallen, Sie können viel souveräner damit umgehen.

Wenn Sie nun einen neuen Weg beschreiten, gehen natürlich Unsicherheiten mit dieser Entscheidung einher. Sie konnten noch nicht erproben, ob dieser Weg die richtige Lösung ist. Noch haben Sie nicht so viele Kompetenzen aufgebaut, auf die sie zur „Verteidigung" Ihrer Entscheidung zurückgreifen können. Ihnen fehlen bisher die stichhaltigen Beweise, dass Ihr Weg für Sie genau der richtige ist.

Außerdem muss in Erwägung gezogen werden, dass Sie sich Ihre Entscheidung bestimmt nicht leicht gemacht haben. Der gesamte Entscheidungsprozess hat Sie wahrscheinlich eine Menge Zeit, Energie und Überlegungen gekostet. Und die soll Ihnen niemand so leicht madig oder zunichte machen. Diese Energien und Überlegungen gilt es also zusätzlich zu verteidigen.

Verschiedene Ebenen von Kritik

Man muss sich darüber im Klaren sein, was genau Kritik beinhaltet. Kritik bedeutet nämlich nicht nur das, was objektiv formuliert worden ist. Meist steckt noch viel mehr dahinter. Kritik findet immer auf einer sachlogischen und einer psychologischen Ebene statt. Die Sachebene spricht das an, was sachlich vorliegt, also die Tatsachen. Auf der psychologischen Ebene hingegen finden sich eher Hinweise auf die zwischenmenschliche Beziehung. Was will der andere von mir? Was soll ich tun? Wieso kritisiert er mich? Was steckt dahinter? Inwiefern spielen seine eigenen Sorgen, Ängste und Wünsche hier eine Rolle?

Folgendes Beispiel kann diese Zusammenhänge verdeutlichen: Herr Krämer, Grundschullehrer für Deutsch und Mathematik, beschließt eine neue Methode auszuprobieren, Kindern das Lesen beizubringen. Diese ist an der Universität Bochum ganz neu entwickelt worden und noch in der Erprobungsphase. Bei der nächsten Lehrerkonferenz stellt er sein Vorhaben vor. Er hat lange überlegt, ob er von der bewährten, aber doch schon älteren Methode abrücken möchte, um die neue zu probieren. Er glaubt nun, dass die neue Methode effektiver sein kann, da sie mit mehr Spaß an die Sache herangeht, und er sich dadurch eine höhere Lesemotivation bei den Schülern verspricht. Nach der Lehrerkonferenz kommt seine Kollegin Frau Grube auf ihn zu und überschüttet ihn mit Vorwürfen: Wie er sich denn anmaßen könne, die geprüften Methoden in Frage zu stellen und einfach neue, noch nicht vollständig erprobte an Erstklässlern auszuprobieren. Sie seien schließlich keine Versuchskaninchen. Ihr würde so etwas nie in den Sinn kommen. Herr Krämer ist zutiefst irritiert. Einen solchen Angriff hat er nicht erwartet. Schließlich hat er doch nur das Wohlergehen und leichtere Lernen der Schüler im Sinn.

Bei Kritik gibt es immer zwei Ebenen, die sachliche und die psychologische. Sie sollten sowohl beim Zuhören als auch bei Ihrer Reaktion beide Ebenen berücksichtigen.

Wie lässt sich nun diese Situation auf die Theorie übertragen? Die sachlogische Ebene ist schnell erfasst: Herr Krämer geht ein gewisses Risiko ein, dass diese neue Methode nicht so effektiv ist, wie die bisher angewandte Methode. Bei einem Misserfolg würden die Erstklässler möglicherweise darunter leiden. Die psychologische Ebene ist etwas verborgener. Zunächst ist da der Wunsch von Frau Grube: Herr Krämer soll bei den bewährten Methoden bleiben und nicht herumexperimentieren. Frau Grube äußert diesen Wunsch gegenüber Herrn Krämer, weil sie sich um ihn sorgt. Betrachtet man ihre Wortwahl, kann man davon ausgehen, dass sie eine Art Mentorenfunktion für ihn übernimmt. Sie fühlt sich Herrn Krämer in ihrem Wissen voraus und meint, ihm mögliches Fehlverhalten aufzeigen zu können und ihn dadurch vor Fehltritten zu bewahren. Und dann findet sich auch im letzten Teil ihrer Äußerung ein Hinweis: Ihr würde so etwas nie in den Sinn kommen. Sie würde also nie so etwas wagen, aber vielleicht hätte sie gerne etwas Innovatives getan und traute sich nur nie.

Aus all diesen Botschaften, die in der kurzen Kritik enthalten sind, hört Herr Krämer nur die eine heraus: Lass es sein, du hast ja keine Ahnung! Welche Anteile von Botschaften wahrgenommen und wirklich „gehört" werden, hängt davon ab, welche Absichten man dem Kritiker unterstellt. Und aus dem, was wir „hören", resultiert unsere emotionale Reaktion auf die Kritik. Wenn Herr Krämer denkt, Frau Grube wolle ihn bevormunden, dann wird er natürlich den Aspekt „Lass es sein!" besonders empfinden. Und dann wird er wütend reagieren. Er ist schließlich kein kleines Kind mehr und wird auch nicht gerne so behandelt.

Das Problem liegt nun darin, dass sich Herr Krämer dessen nicht bewusst ist, dass seine Vermutung „Frau Grube will mich bevormunden" der wahre Grund für seine Wut ist und nicht die Kritik in ihrem sachlichen Gehalt.

Sich die Reaktionsprozesse bewusst machen

Die ABC-Technik* kann diesen Prozess mit seinen Tücken veranschaulichen, denn sie schlüsselt den Erhalt der Kritik in verschiedene Prozesse auf. Die zentralen Prozessen sind der Bewertungs- und Interpretationsprozess und der Reaktionsprozess (C).

A ist die Situation, also das Ereignis	In diesem Fall die Kritik
B ist mein Bewertungssystem, also meine Gedanken über das Ereignis	Die Vermutung über die Ursache der Kritik, die Interpretation
C ist die Konsequenz	Die emotionale Reaktion auf die Kritik und das entsprechende Verhalten
D ist die Disputation, das heißt die Analyse	Die Überlegungen, was die Kritik wirklich beinhaltet (psychologische und sachlogische Aspekte)
E ist das Ziel	Die Erkenntnis darüber, was ich wirklich denken, fühlen und tun sollte, jetzt und auch in der Zukunft

Normalerweise gehen wir davon aus, dass die Kritik selbst unsere negativen Gefühle auslöst. Dabei schließen wir direkt von A auf C. Tatsächlich aber liegt Schritt B dazwischen. Herr Krämer hört die Kritik und

* Die ABC-Technik wurde von Andrew W. Ellis entwickelt.

ist wütend. Seine Interpretation von Frau Grubes Absichten ist für ihn in diesem Moment nicht erkennbar. Erst wenn man sich dessen bewusst ist, dass die eigene Interpretation der Absichten des Kritikers die negativen Gefühle auslöst, dann kann man zu Schritt D übergehen. Hier analysiert man dann die Situation genauer. Merkt Herr Krämer also, dass er meint, Frau Grube wolle ihn bevormunden, dann kann er dazu übergehen zu überprüfen, ob dies tatsächlich der Fall ist. Will sie ihn bevormunden, oder drückt sie nur ihre Sorge darüber aus, er könne mit seinem Verhalten falsch liegen? Oder zeigen sich vielleicht ihre ureigenen Ängste in dieser Kritik? Wenn man die eigentliche Bedeutung der Kritik erkannt hat, kann man auch adäquat mit ihr umgehen.

Überprüfen Sie Ihre Reaktionen

Überlegen Sie einmal selbst. Fallen Ihnen Situationen ein, in denen Sie kritisiert wurden, oder gibt es Kritik, von der Sie befürchten, dass sie auf Sie zukommen wird? Schreiben Sie diese Kritik in die Tabelle auf Seite 184 und versuchen Sie die einzelnen Schritte Ihrer Reaktionen nachzuvollziehen (mit Schritt E befasst sich das nächste Kapitel ausführlich). Wie das konkret aussehen kann, sehen Sie, am Beispiel der Studentin Anne:

A – Kritik	• Mutter: „Immer hast du so verrückte Ideen!“
B – Interpretation	• Die Mutter nimmt mich nicht ernst.
C - Gefühle und Verhalten	• Enttäuschung • Wut
D - Analyse	1. Bitte an Anne, ihre Ideen sorgfältig zu prüfen (sachliche Ebene) 2. Sorge der Mutter, Anne könne enttäuscht werden, weil ihre Ideen so innovativ sind (psychologische Ebene) 3. Eigene Wünsche der Mutter, auch so mutig sein zu können (psychologische Ebene)

Nun sind Sie an der Reihe. Suchen Sie ruhig mehrere Beispiele, damit Ihnen Ihre Bewertungs- und Reaktionsmuster deutlich werden können. Sie müssen bei der Rekonstruktion Ihrer Beispiele nicht die genaue Reihenfolge ABCD einhalten. Sie können z. B. erst Ihre Gefühle aufschreiben und danach Ihre Gedanken. Oft sind die Interpretationen nicht so offensichtlich und lassen sich leichter aus den Gefühlen erschließen, z. B.: „Ich fühlte mich beschämt und klein.“ „Wahrscheinlich habe ich gedacht, der Kritiker wolle mich von oben herab belehren“.

A – Kritik • Was genau wurde gesagt? • Von wem kommt die Kritik? • Wie ist der Wortlaut? • …	
B – Interpretation • Welche Absichten unterstelle ich meiner Kritikerin/meinem Kritiker? • Welche Erklärungen für die Gründe ihrer/seiner Kritik kommen mir spontan in den Sinn? • …	
C – Gefühle und Verhalten • Was genau empfinde ich? • Ist da mehr als nur ein Gefühl? • …	
D – Analyse • Was genau soll ich denn nun seiner/ihrer Meinung nach tun? • Was empfindet er/sie tatsächlich für mich? • Welche Sorgen und Wünsche hat sie/er? • …	

Umgang mit Kritik und dem, der kritisiert

Den ersten Schritt eines adäquaten Umgangs mit Kritik haben Sie schon getan, wenn Sie die beschriebenen Prozesse erkannt und die Stufen A bis D durchlaufen

haben. Sie können die Kritik differenzierter betrachten.
Nun gilt es zu erkennen, ob die Kritik sachlich berechtigte Anteile enthält und welche dies konkret sind. Anne erkennt möglicherweise, dass sie sich von ihrer Euphorie vielleicht zu sehr hat leiten lassen und dass sie ihre Ideen noch einmal überprüfen sollte. Ist Kritik sachlich berechtigt, kann man sie gut als Lernhilfe nutzen, denn begründete, sachliche Kritik – in angemessenem Umfang, also nicht zu viel auf einmal – ist förderlich. Sie kann Aspekte ans Tageslicht holen, die man selbst übersehen oder in ihrer Wichtigkeit unterschätzt hat. Diese Erkenntnisse helfen, die eigenen Kompetenzen auszuweiten, neue Denkweisen zu etablieren, Methoden zu optimieren und so größere Lernerfolge und Leistungen zu erzielen.

Ist Kritik nun aber alles andere als sachlich berechtigt oder zumindest Teile von ihr, so kann man sie bzw. ihre unberechtigten Anteile erst einmal getrost als „für den Selbstwert unwichtig" abtun. Dies heißt aber nicht, dass hiermit der Prozess abgeschlossen ist und der Kritiker oder die Kritikerin nun einfach nicht weiter beachtet wird. Schließlich steckt hinter dieser sachlich unbegründeten Kritik ein psychologischer Teil, der Interesse verdient. Ist die Kritik beispielsweise Ausdruck von Fürsorge oder motiviert durch unerfüllte Sehnsüchte des anderen, so kann man ihr verständnisvoll begegnen. Hat man Schritt D tatsächlich ausgeführt und somit den Hintergrund der Kritik begriffen, dürfte dieser verständnisvolle Umgang nicht allzu schwer fallen. Schließlich merkt man ja, dass der andere einem nichts Böses will. In einem solchem Fall ist es sogar vorteilhaft für die zwischenmenschliche Beziehung, wenn man den anderen nun nicht vor den Kopf stößt, sondern ihm vielmehr vermittelt, dass man ihn versteht und seine Sorge, seinen Wunsch wahrgenommen hat. Dazu sind z. B. folgende Formulierungen geeignet: „Ich verstehe, was du mir damit sagen willst. Du brauchst dir aber wirklich keine Sorgen zu machen ...", „Über den Aspekt habe ich auch schon nachgedacht, vielleicht beruhigt es dich, wenn ich dir meine Überlegungen dazu kurz erkläre ...", oder: „Natürlich ist dies ein sehr bedeutender Schritt. Ich bin dir auch wirklich dankbar, dass du dir so viele Gedanken machst ..."

Wenn Sie auf die Kritik reagieren, sollten Sie das, was auf der psychologischen Ebene vermittelt wurde, direkt ansprechen.

Hat man das Gefühl, dass etwas hinter der Kritik steht, was man nicht versteht, ist es immer hilfreich, noch einmal nachzufragen: „Was genau möchtest du mir damit sagen? Was erwartest du genau von mir?" Oder man stellt dem anderen seine Gefühle dar: „Ich komme mir gerade so bevormundet vor, aber ich glaube nicht, dass das dein Ziel ist. Kannst du mir genauer erklären, was du meinst?"

In dem Fall, dass der andere vielleicht nur von seinen eigenen Ängsten und Wünschen spricht, kann es helfen, wenn der Kritisierte ein wenig von seiner persönlichen Entwicklung und seinen eigenen Ängsten preis gibt: „Es war für mich wirklich schwer, eine Entscheidung zu treffen. Dafür war wirklich viel Überwindung nötig, und ich musste all meinen Mut zusammennehmen, es dann doch zu wagen. Vielleicht kennst du so etwas ja auch."

Fürsorge kann manchmal fehl am Platz sein. Ein erwachsener Mann, dessen Eltern noch immer versuchen, ihm die Gefahren seiner Handlungen aufzuzeigen, fühlt sich womöglich – und das zu Recht – wie ein kleines Kind behandelt, welches nicht selbst entscheiden und denken kann. Teilen Sie auch solche Gefühle und Eindrücke mit. Das sind berechtigte Einwände und dienen dem Schutz Ihrer Eigenständigkeit und Ihres Selbstwerts. Sie müssen nicht alles hinnehmen, nur weil es ja „gut gemeint" ist.

Natürlich gibt es auch den Fall, dass der andere einem etwas einfach nicht gönnen kann und unter dem Deckmantel der Fürsorge provozieren oder verunsichern will. Sprechen Sie auch dieses Gefühl direkt und ehrlich an. Verwenden Sie dabei Formulierungen wie: „Ich habe den Eindruck ...", oder: „Für mich sieht es so aus ..." Indem Sie von Ihren persönlichen Wahrnehmungen berichten, lassen Sie sich nicht auf die provokative Ebene ein und wehren sich dennoch gegen unangebrachte Äußerungen. Außerdem hat Ihr Gegenüber so die Möglichkeit, Ihre Wahrnehmung gegebenenfalls zu korrigieren.

Zu guter Letzt sollten Sie es Ihrem Gegenüber auch zugestehen, wenn er einen guten Punkt erwähnt hat, den Sie noch nicht in Erwägung gezogen haben. Dies zeigt, dass Sie zuhören, die Meinung des anderen ernst nehmen und diese Ihnen etwas bedeutet.

Erinnern Sie sich bei all der Kritik daran, dass es auch darum geht, eine zwischenmenschliche Beziehung positiv und für beide Seiten lohnend und stützend aufrechtzuerhalten.

Sehen Sie, wie Anne mit der Kritik ihrer Mutter umgeht:

E - Lösung	• Anne zeigt, dass sie die Sorge ihrer Mutter versteht und sagt, dass sie weiß, dass Fürsorge dahinter steckt. • Sie erklärt auch, dass sie sich schon Gedanken gemacht hat, ob ihre Ideen auch realisierbar sind. • Gleichzeitig gesteht sie ihrer Mutter zu, dass sie vielleicht noch eine Nacht drüber schlafen könnte. • Sie äußert zudem den Wunsch, dass ihre Mutter mehr Vertrauen in sie setzt und sie endlich als eigenständige Person anerkennt, die verantwortungsvoll handeln kann.

Nehmen Sie sich nun Ihre eigenen Beispiele vor und bearbeiten Sie Schritt E. Vergegenwärtigen Sie sich alle für Sie wesentlichen Aspekte und überlegen Sie, wie Sie in Ihren Beispiel-Situationen gehandelt haben. Haben Sie alles richtig gemacht, oder gibt es Punkte, die Sie optimieren könnten? Überlegen Sie auch, wie Sie mit zukünftiger Kritik umgehen möchten. Worauf werden Sie ab jetzt genau achten?

E - Lösung • Was möchte ich an eigenen Gefühlen und Eindrücken weitergeben? • In welchen Punkten kann ich Zugeständnisse machen? • Gibt es etwas, dass mich trotzdem stört? • Habe ich die Botschaft genau verstanden?	

Sehen Sie Kritik positiv

Zusammenfassend kann also festgehalten werden, dass es bei dem Erhalt von Kritik wichtig ist, sich seiner eigenen Gedanken und Interpretationen bewusst zu werden. Warum genau empfinde ich so und nicht anders? Welche Absichten unterstelle ich dabei meinem Gegenüber? Sind meine Vermutungen richtig, oder muss ich diese revidieren? Wie reagiere ich auf Botschaften, die sich auf der psychologischen Ebene abspielen? Was kann ich an sachlogischen Informationen aus dieser Kritik ziehen?

Wenn Sie diese Fragen bewusst durchgehen, wird es dazu führen, dass Sie auf Dauer gelassener auf Kritik reagieren können, da sie nicht mehr eine unmittelbare Bedrohung Ihres Selbstwerts darstellt.

Wenn Sie neue Wege beschreiten, wird dies unweigerlich Kritik mit sich bringen. Der Grund ist simpel: Für viele Menschen ist es bedrohlich zu beobachten, dass jemand plötzlich anfängt, ein selbstbestimmtes Leben zu führen. In solchen Momenten müssen sie sich nämlich selbst fragen, ob sie denn wirklich mit ihrem Leben, ihren Einstellungen und Denkweisen zufrieden sind. Dabei besteht die Gefahr, festzustellen, dass sie vielleicht doch nicht so glücklich und zufrieden sind, was wiederum zur Folge hat, dass ja eigentlich etwas geändert werden müsste, was aber nicht so leicht ist und immer auch mit Unsicherheiten zusammenhängt ... und, und, und. Es ist demnach oft leichter, andere zu kritisieren und ihr Verhalten abzuwerten. Eine solche Kritik wertet automatisch das eigene Verhalten auf und liefert die Berechtigung zum Ignorieren und Nichtstun.

Wenn Sie auf dem Weg zu neuen Zielen oder zu Ihrer Vision auf Kritik stoßen, sehen Sie sich diese genau an. Lassen Sie sich nicht von Neid, Sorge oder Unverständnis bremsen, und nutzen Sie die sachlich berechtigten Teile.

Misserfolg überstehen

Wenn etwas nicht gelingt, und das gehört nun mal zu unseren täglichen Erfahrungen, gibt es verschiedene Möglichkeiten, damit umzugehen. Wenn Ihnen beim Kochen die Flasche mit dem teuren Olivenöl aus der Hand rutscht, mit der Kante auf die Spüle knallt, dort eine Beule hinterlässt und sich anschließend auf den Boden ergießt, können Sie zu Ihrem Mann sagen: „Wie kannst du mich nur so erschrecken, wenn du in die Küche kommst. Schau mal, was du angerichtet hast." Oder: „Es dürfte sich doch inzwischen herumgesprochen haben, dass eckige Flaschen für Öle völlig ungeeignet sind. Die kann man gar nicht vernünftig anfassen. Aber darüber denkt ja mal wieder keiner nach." Sie können auch denken: „Typisch, dass mir das passiert. Ich bin einfach schusselig. Meine Mutter hat früher beim Tischdecken schon zu mir gesagt, lass bitte die Gläser stehen – du weißt ja, dass du unser Schussellieschen bist." Oder Sie denken: „Feuchte Hände und fettige Flasche, das kann nicht gut gehen. Ich hätte zumindest eins von beiden zwischendurch mal abtrocknen müssen."

Welche Reaktion ist die richtige? Jede Reaktion ist richtig. Sie haben Ihren Mann wirklich erst bemerkt, als er direkt hinter Ihnen stand. Viereckige Flaschen kann man nicht so sicher umfassen wie runde. Als Kind haben Sie wirklich im Vergleich zu Ihren Geschwistern mehr fallen lassen. Und Ihre Hände waren tatsächlich nass, als Sie die Ölflasche greifen wollten, an der außen Öl herunter gelaufen war. Die Antworten auf diese Frage haben uns keine neuen Erkenntnisse gebracht.

Reaktionen und ihre Konsequenzen

Vielleicht müssen wir dann eine andere Frage stellen. Versuchen wir es mit: Welche Ihrer Reaktionen führt zu welchen Konsequenzen?

Wenn Ihr Mann Sie beim Wort nimmt, wird er zukünftig vielleicht laut pfeifend in die Küche kommen. Vielleicht gefällt Ihnen das sogar. Vielleicht fühlt er sich aber auch ungerecht behandelt und fängt einen Streit mit Ihnen an oder sagt den ganzen Abend nichts mehr. Vielleicht hat er auch Verständnis für Ihre Gereiztheit und versucht, Sie zu trösten, was Sie unter Umständen noch mehr nervt. Ihre zweite Erklärung für Ihr Missgeschick könnte dazu führen, dass Sie kein Olivenöl in viereckigen Flaschen mehr kaufen, was allerdings schade wäre, weil Ihr Lieblingsöl nur in dieser Flaschenform zu bekommen ist. Die dritte Erklärung wird vermutlich eine gewisse Wehmut in Ihnen auslösen. Sie sind immer noch schusselig, nur haben Sie heute keine Mutter mehr zur Seite, die Ihnen diesen Teil der Arbeit abnimmt. Bei der vierten Variante werden Sie ab sofort von Ihrer Schürze Gebrauch machen und Ihre Hände zwischendurch abtrocknen.

Verschiedene Reaktionen ziehen unterschiedliche Konsequenzen nach sich. Dies sollten Sie bei der Wahl Ihrer Reaktion bedenken.

Vergleicht man die verschiedenen Konsequenzen, die sich aus Ihren Reaktionen ergeben, wäre aus sachlogischen Gründen die vierte zu bevorzugen. Sie riskieren keinen Ehestreit, können weiterhin Ihr Lieblingsöl genießen, geraten nicht in kindliche Hilflosigkeit und haben außerdem eine Strategie entwickelt, wie Sie zukünftig sicher mit Kochutensilien hantieren können.

Etwas allgemeiner formuliert, sehen wir in diesem Beispiel folgende Reaktionsmöglichkeiten: Ich kann das Missgeschick auf andere schieben bzw. auf die Umstände (Mein Mann kommt in die Küche/die Form der Flasche), oder ich nehme es auf meine Kappe (meine Schusseligkeit/meine nassen Hände). Ich kann davon ausgehen, dass es sich um eine einmalige bzw. besondere Situation gehandelt hat (die Art, wie mein Mann heute in die Küche gekommen ist/meine Hände, die nach dem Salatwaschen noch feucht waren), oder annehmen, dass es sich hier um eine prinzipielle Geschichte handelt (die Form der Flasche/meine Schusseligkeit).

Ursachenforschung*

	Es liegt an mir	**Ich kann nichts dazu**
Heute	Nasse Hände	Mann ist heute leise in die Küche gekommen
Immer	Schusseligkeit	Schlechte Flaschenform

* Diese und die folgenden Analysen von Ursache und Konsequenz basieren auf dem Attributionsmodell der Leistung von Bernard Weiner.

Konsequenzen

	Es liegt an mir	**Ich kann nichts dazu**
Heute	Hände abtrocknen	Vom Mann erwarten, dass er sich ändert
Immer	Sich mit der Schusseligkeit abfinden	Auf Lieblingsöl verzichten

Für unser Beispiel ist die Erklärung „Ich wars, das ist mir heute passiert" die sinnvollste Erklärung.

Wenn man die Ursachen bei anderen findet

Gilt das auch für größere Misserfolge, wenn es um wirklich wichtige Dinge geht? Schauen wir uns dazu das Beispiel von Frank an. Vor einigen Wochen hat er die Möglichkeit bekommen, innerhalb seiner Firma in die Marketing-Abteilung zu wechseln. Da er nach seinem Studium in diesem Bereich keinen Einstieg fand, akzeptierte er zunächst eine Stelle im Einkauf. Seitdem hatte er die Hoffnung, irgendwann ins Marketing wechseln zu können, und nun hat er seine Chance erhalten. Viel Zeit zum Einarbeiten gab es nicht. Das Projektteam, in dem er arbeitete, stand unter massivem Erfolgsdruck. So mancher neue Gedanke wurde aus Zeitgründen nicht weiter verfolgt, und die Stimmung war häufig gereizt. Dennoch erkannte er zwischen der Hektik und dem Leistungsdruck sein lang ersehntes „schöpferisches Chaos". Und nun steht Frank vor seiner ersten Bewährungsprobe. Sein Team hat eine neue

Marketing-Strategie konzipiert, und er soll sie dem Vertriebsvorstand präsentieren. Frank fühlt sich gleichzeitig geehrt und gestresst. Welche Chance, sich nach so kurzer Zeit profilieren zu können. Er will auf jeden Fall eine gute Figur abgeben. Deshalb hat er sich vorgenommen, sich gründlich auf die Veranstaltung vorzubereiten. Allerdings – und das hätte er sich eigentlich auch denken können – kommt er tagsüber nicht dazu. Es gibt immer irgendwelche Dinge, die dazwischen kommen und sofort erledigt werden müssen. So sitzt er also am Abend vor dem Termin noch am Schreibtisch und versucht, den roten Faden für die Präsentation zu entwickeln. Es ist zum Verzweifeln! Er hat den Eindruck, dass vieles nicht zu Ende gedacht wurde, dass lauter Einzelheiten nebeneinander stehen und man ganz sicher nicht von einer Strategie sprechen kann. Wie soll er das nur überzeugend präsentieren? Es gelingt ihm schließlich, sich zu beruhigen, und er versucht, das Beste aus der Situation zu machen. Er konzentriert sich auf die Aspekte, die gelungen und schlüssig sind, und nimmt sich vor, darauf am folgenden Tag den Schwerpunkt zu legen. Die Nacht ist kurz, dennoch ist Frank am nächsten Morgen sofort hellwach. Seine Nervosität hat er ganz gut im Griff, er ist optimistisch, dass alles gut gelingen wird. Im Konferenzraum auf der Vorstandsetage ist schon alles vorbereitet, Frank überprüft noch einmal die Technik und verteilt die Tischvorlagen. Es ist gleich 9 Uhr, und seinerseits kann es losgehen. Letztlich beginnt die Präsentation erst um kurz nach 10 Uhr, es war eine wichtige Besprechung dazwischen gekommen. Frank kann fast ohne Unterbrechung seinen Vortrag halten.

Der Vorstand, sein Assistent und zwei Führungskräfte aus dem Vertrieb hören ruhig zu. Frank ist fast fertig mit seiner Präsentation, als der Vorstand aufsteht, sich bei Frank bedankt und sich verabschiedet mit den Worten, dass er leider nicht länger bleiben kann, weil er weitere Termine hat. Die übrigen Herren hören das Ende von Franks Vortrag noch an und verabschieden sich dann höflich. Frank ist wie vor den Kopf gestoßen. Was war das denn? Keine Frage an ihn, noch nicht mal ein Kommentar? Was war denn mit denen los? Frank weiß nicht, was er von dieser Situation halten soll. Klar ist ihm nur, dass es keinesfalls gelungen ist, die Herren von der Strategie zu überzeugen. Er ist total enttäuscht. Was wird das Marketing-Team wohl sagen?

In Gedanken analysiert Frank die Situation. Eigentlich kann er gut präsentieren, das hat man ihm mehrfach gesagt. Körpersprache, Auftreten, Kleidung, Wortwahl – bisher hat er noch nie schlechtes Feedback bekommen. Auch die Aufbereitung des Themas war akzeptabel. Er hatte eine vernünftige Struktur entwickelt, von der er annahm, dass man die wunden Punkte in seinem Konzept nicht direkt erkennen würde. Und das hatte ja auch geklappt. Keiner der Anwesenden hat Kritik geäußert. Vermutlich hatte die Stimmung der Herren gar nichts mit ihm zu tun. Wer weiß, warum die Präsentation verspätet beginnen musste. Er packt seine Unterlagen zusammen. Es geht ihm jetzt schon wieder etwas besser.

Schauen wir uns an, wie Frank diese Situation auswertet:

Der Vorstand und seine Mannschaft sind nicht überzeugt, das steht leider fest. Woran kann es liegen? An ihm selbst? Nein. Die Präsentation war in Ordnung, ebenso die schriftlichen Unterlagen, er hat das Konzept flüssig vorgetragen, sonst wären Fragen oder Kritik gekommen. An ihm lag es also nicht. Vermutlich lag es an dem Thema der Sitzung, die die Herren vorher hatten. Vielleicht wurden sie mit den aktuellen Geschäftszahlen konfrontiert. Und das macht schon mal schweigsam. Es sind eben schwierige Zeiten. Daran kann Frank leider auch nichts ändern. Zurück in seinem Team berichtet er wahrheitsgetreu von der deprimierten Stimmung in der oberen Etage, und dass vermutlich augenblicklich nicht der richtige Zeitpunkt ist, um neue Ideen zu platzieren. Alle sind enttäuscht. So viel Kreativität und Engagement und dann kommt nichts dabei raus. Die da oben wissen wirklich nicht zu schätzen, was wir für sie tun. Fazit: Wir sind arme Schweine.

Ursachenforschung

	Es liegt an mir	**Ich kann nichts dazu**
Heute	Ich habe alles gut gemacht	Der Vorstand hatte schlechte Stimmung
Immer	Ich kann gut präsentieren	Es sind schwierige Zeiten

Konsequenzen

	Es liegt an mir	**Ich kann nichts dazu**
Heute	Ich habe meine Sache gut gemacht	Für seine Stimmung kann ich nichts
Immer	Ich bin o.k.	Ich kann die Zeiten nicht ändern

Frank ist erleichtert. Das Gespräch mit seinem Team ist gut gelaufen. Keiner hat ihm Vorwürfe gemacht, aber warum auch, schließlich konnte er ja nichts dazu. Im Gegenteil, wenn er nicht am Abend zuvor so viel Mühe in die Präsentation gesteckt hätte, wäre vielleicht alles noch schlimmer geworden. Als ihn am Abend seine Freundin fragt, ob es ihm denn gelungen sei, den Vorstand von seiner Kompetenz zu überzeugen, merkt er, dass er doch noch ziemlich angeschlagen ist. Aber wo man nichts machen kann, kann man nichts machen.

Die Konsequenzen der Ursachenforschung betrachten

Wie ist nun das Ergebnis der Ursachenforschung von Frank zu beurteilen? Grundsätzlich ist keine seiner Erkenntnisse falsch, auch wenn man vielleicht noch ganz andere Gründe für den Misserfolg finden könnte, doch dazu später mehr. Für sein angeschlagenes Selbstwertgefühl ist seine Erklärung zunächst einmal sehr sinnvoll. So kann er einigermaßen gefasst seinem Team gegenübertreten, und auch seine Kollegen können mit seinen Erklärungen ganz gut den Misserfolg verschmerzen. Der Nachteil an dieser Art der Misserfolgserklärung ist jedoch beträchtlich:

Das Team hat die „Erfahrung" gemacht, dass der Vorstand seiner Arbeit keine große Bedeutung beimisst. Das kann dazu führen, dass das Engagement deutlich zurückgeht, denn wozu sollte man sich noch richtig anstrengen?

Das Team hat nicht erfahren, dass die Arbeit chaotisch war und manches nicht zu Ende gedacht wurde. Auch deshalb wird beim nächsten Mal nichts besser. Derjenige, der die Präsentation machen muss, wird wieder dieselben Probleme haben wie Frank. Falls Frank das sein sollte, wird er schon leidenschaftslos beginnen, weil er annimmt, dass man der Abteilung ohnehin nichts Großes zutraut. Und wenn Frank auch beim nächsten Mal wieder eine langweilige Präsentation hält, wird der Vorstand denken, dass er der falsche Mann am Platz ist. Wenn damit die Geschichte zu Ende wäre, müsste man sagen, ist das ein hoher Preis, den Frank dafür zahlt, dass er die Ursachen für seinen Misserfolg nur bei den anderen bzw. den widrigen Umständen sieht.

Wenn man die Ursachen bei sich selbst findet

Aber Frank ist ambitioniert und lernfähig. Im Laufe der nächsten Tage muss er immer wieder an seine Präsentation denken. Hätte er wirklich nichts anders machen können? Er wollte den Vorstand doch von seiner Kompetenz überzeugen. Dazu hätte er ihn für das Marketing-Konzept begeistern müssen. Aber davon war er selbst nicht überzeugt. Und weil er Sorgen hatte, dass man ihm Fragen stellen könnte, hat er seinen ganzen Vortrag schnell heruntergespult. Eigentlich wollte er die ganze Sache nur unbeschadet überstehen, und genau das hat er damit auch erreicht. Er stellt fest, dass hier das Prinzip der selbsterfüllenden Prophezeiung eingetreten ist, und ärgert sich, dass er das nicht bedacht hat.

Was hätte er tun können, um die Herren für die Marketing-Strategie zu gewinnen? Zunächst hätte er selbst davon überzeugt sein müssen. Dafür hätte er sich zuvor mit seinen Kollegen auseinandersetzen müssen und vielleicht hätte man dann noch eine Nacht durchgearbeitet, um das Konzept abzurunden. Möglich wäre das gewesen. Er gesteht sich ein, dass er die Konfrontation gescheut hat, weil er noch relativ neu in der Abteilung ist. Vielleicht war das sogar der Grund dafür, dass der Vorstand ihn nicht auseinander genommen hat. Vielleicht wollte man ihn nicht beim ersten Mal so demoralisieren. So könnte es also auch gewesen sein! Die Gefühle, die jetzt in ihm aufsteigen, sind so unangenehm, dass er sie gerade eben noch erträgt. Aber passiert ist passiert.

Sich wegen Vergangenem zu grämen, hat keinen Sinn. Sinnvoll ist stattdessen, zu überlegen, wie man seine Erkenntnisse in Zukunft nutzen kann. Frank nimmt sich vor, in Zukunft kritische Punkte im Team anzusprechen. Auch will er seine Überlegungen, wie man das Marketing-Konzept abrunden kann, mit seinen Kollegen diskutieren. Er will vorschlagen, das Konzept noch einmal zu überarbeiten und dann einen zweiten Präsentationstermin zu erhalten. Er kann sich schon vorstellen, wie sich das Team noch einmal in das Thema reinkniet, wie sie erkennen, was aus dem Thema noch alles herauszuholen ist, wie sie Ideen für eine „Inszenierung" entwickeln. Frank sieht sich schon vor der Vertriebsmannschaft stehen und voller Überzeugung die raffinierte und schlagkräftige Strategie seines Teams vorstellen. Ja, das gefällt ihm. Dafür wird er sich jetzt einsetzen. Und es wird ihm gelingen.

Macht man für einen Misserfolg externe Ursachen verantwortlich, ist man dem Geschehen ausgeliefert. Findet man hingegen die Ursache in sich selbst, kann man aktiv werden und dafür sorgen, dass es beim nächsten Mal besser klappt.

Wie gehen Sie mit Misserfolgen um?

Jeder Misserfolg hat mehrere Ursachen. Es gibt immer Ursachen, die ich zu vertreten habe, und immer welche, für die ich nichts kann und die ich meist auch nicht beeinflussen kann. Ob man mehr zu der einen oder anderen Erklärungsform neigt, ist häufig eine Frage der Gewohnheit. Falls auch Sie eine Vorliebe für eine bestimmte Richtung haben, können Sie hier überprüfen, welche Folgen daraus entstehen können.

Um auch aus einem großen Misserfolg unbescholten hervorzugehen, konzentriert man sich am einfachsten auf die Gründe, die man nicht zu verantworten hat.

„Das ist nicht meine Schuld, dass lag an ...“, ist eine ganz normale Reaktion und sorgt dafür, dass das angeschlagene Selbstwertgefühl nicht noch weiter Schaden nimmt. Nur was passiert jetzt mit den „Schuldigen“? Entweder findet man sich damit ab, dass man sowieso nichts ändern kann und resigniert, oder man sucht sich ein anderes Betätigungsfeld. Oder man versucht, die anderen zu ändern, was äußerst selten gelingt und eigentlich auch nicht vertretbar ist. Oder man versucht, die anderen loszuwerden. Hier ist es eine Frage der Macht, ob man das durch Entscheidung oder Mobbing tun kann.

Fazit: Um das Selbstwertgefühl vor dem absoluten Zusammenbruch zu bewahren, kann man sich durchaus erlauben, für eine kurze Zeit den Misserfolg anderen Leuten oder den Umständen in die Schuhe zu schieben. Danach jedoch wird der Preis für diese Art der Erklärung meist so hoch, dass es besser ist, sich mit seinen unangenehmen Gefühlen auseinander zu setzen.

Als erste Reaktion bei anderen die Ursache für ein Versagen zu suchen dient dem Selbstschutz. Wer jedoch etwas über sich lernen möchte, sollte nach einer Weile auch die eigenen Anteile genau betrachten.

Mit der gegenteiligen Erklärungsform hat man ebenso vielfältige Möglichkeiten, sich das Leben schwer zu machen. Auch einen kleinen Misserfolg kann man zum Anlass nehmen, sich selbst richtig fertig zu machen. Dazu braucht man sich nur darauf zu konzentrieren, was man alles falsch gemacht hat, oder noch besser, was man grundsätzlich immer falsch macht. Dann muss man sich nur noch davon überzeugen, dass man das nicht ändern kann, weil man eben so ist, und schon geht es einem richtig schlecht. „Ich bin eben kein mitreißender Typ, eher etwas zurückhaltender und nachdenklicher. So eine reißerische Verkaufspräsentation passt gar nicht zu mir. Wenn das von mir im Marketing verlangt wird, ist das nicht meine Welt."

Wir können Frank an dieser Stelle nur dazu beglückwünschen, dass er sich dazu entschieden hat, seiner Entwicklung eine andere Wendung zu geben. Was hat er genau getan?

Nachdem er erkennen musste, dass er sein Ziel, den Vorstand zu begeistern, nicht erreicht hatte, war er tief getroffen. Ganz automatisch hat er nach einer Erklärung gesucht, die ihm nicht noch mehr unangenehme Gefühle bereitet. Als er nach einiger Zeit wieder an den Vorfall denken konnte, ohne gefühlsmäßig „weglaufen zu wollen", hat er sich überlegt, was er hätte tun können, um den Vorstand zu begeistern. Dazu sind ihm dann verschiedene Ideen eingefallen. Er hat sich also nicht in seine Schwächen und Fehler hineingesteigert, sondern darüber nachgedacht, welches Verhalten ihn eher zu seinem Ziel gebracht hätte. Er hat erkannt, was er in der Zusammenarbeit mit seinen Kollegen anders machen möchte, welche Vorbereitung er für eine solche Veranstaltung zukünftig treffen wird und mit welcher Einstellung er in die Präsentation gehen will. Dann ist er gedanklich in die Zukunft spaziert und hat sich vorgestellt, wie er die Situation meistert. Damit hat er sein Zielerreichungssystem aktiviert und genügend Energie bereit, um alle erforderlichen Anstrengungen unternehmen zu können. Was glauben Sie, wie wahrscheinlich es ist, dass er damit Erfolg hat?

Erinnern Sie sich an einen Misserfolg? Nehmen Sie ihn einmal unter die Lupe, und schauen Sie, welches positive Energiepotenzial hierin noch schlummert. Wenn Sie dies bei allen Gelegenheiten machen, die Sie persönlich als Misserfolg empfinden, werden Sie mit der Zeit viel souveräner damit umgehen und daraus lernen können.

Ein Misserfolg in meiner Vergangenheit

Ursachenforschung

	Es liegt an mir	Ich kann nichts dazu
Heute		
Immer		

Konsequenzen

	Es liegt an mir	Ich kann nichts dazu
Heute		
Immer		

Auswertung meiner Ursachenforschung

Was werde ich ändern?

Was werde ich anders machen, wenn ich mich das nächste Mal in einer vergleichbaren Situation befinde?

Herausforderungen annehmen

Wenn Sie nun einen neuen Weg einschlagen oder einfach nur Teile Ihres Lebens neu gestalten möchten, gehen Sie eine Herausforderung ein. Sie wissen vielleicht nicht, ob Ihnen alles so gelingt, wie Sie es sich vorstellen, oder was andere über Sie denken werden. Die Folgen sind nicht genau absehbar, Ihre Kompetenzen noch nicht genügend erprobt. Der Erfolg ist sozusagen noch nicht vorprogrammiert. Wie Sie konstruktiv mit Zweifeln, Kritik und Misserfolgen umgehen, wurde in den vorherigen Kapiteln beschrieben. Nun möchten wir Ihnen zeigen, weshalb es sich tatsächlich lohnt, diese Herausforderungen immer wieder anzunehmen.

Komfortzone, Stresszone und Panikzone

Stellen Sie sich Ihr Leben vor wie ein Gebiet mit verschiedenen Zonen: In der Mitte stehen Sie. Es gibt einen Bereich um Sie, der Ihnen wohl vertraut ist. In diesem können Sie sich mühelos bewegen und haben nichts zu befürchten. Sie wissen, was Sie können, und sind in der Lage, die Folgen Ihrer Handlungen abzuschätzen. Diesen Kreis, dieses Gebiet um Sie nennen wir die Komfortzone. Wie der Name schon sagt: Hier fühlen Sie sich komfortabel und stressfrei. Je mehr Sie sich den Grenzen Ihrer Komfortzone nähern, umso weniger sicher fühlen Sie sich. An diesen Grenzen wissen Sie noch nicht genau, ob Sie wirklich die

Fähigkeiten haben, die Sie benötigen. Sie wissen auch nicht genau, wie die anderen Sie bewerten werden und ob es Ihnen gelingen kann, die Situation erfolgreich zu bewältigen. Sie werden merken, dass in solchen Situationen Ihr Adrenalinspiegel etwas ansteigt, Sie werden aufgeregter und verspüren leichten Stress. An Ihre Komfortzone grenzt also Ihre Stresszone: Sie empfinden Stress, weil Sie nicht genau wissen, was Sie erwartet. Außerhalb dieser Stresszone liegt die Panikzone. Diese sollten Sie möglichst vermeiden, da Ihr Stresspegel und somit Adrenalinspiegel dort so hoch sind, dass Sie praktisch handlungsunfähig werden.

In der Stresszone können Sie die höchsten Leistungen bringen und die besten Erfolge erzielen.

In der Stresszone sind Sie besonders stark aktiviert, sie sind viel leistungsfähiger und können die besten Erfolge erzielen. Die folgende Grafik verdeutlicht den Zusammenhang zwischen Leistung und Stress.

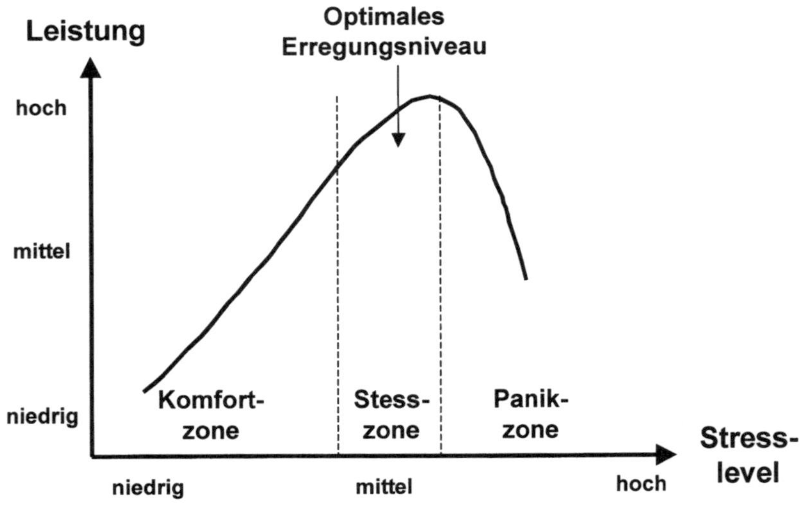

Da wir in der Stresszone am leistungsfähigsten sind, ist es durchaus sinnvoll, sich in diese Zone zu begeben – doch erfahrungsgemäß tun wir dies nur ungern freiwillig. Betrachten Sie die folgende Situation: Sie haben für eine Prüfung gelernt und beherrschen den Stoff eigentlich recht gut. Dennoch sind Sie sich nicht hundertprozentig sicher, ob Sie auch wirklich die wesentlichen Punkte erfasst haben und ob Ihr Wissen den Ansprüchen des Prüfers genügt. Sie gehen in die Prüfung und sind natürlich etwas aufgeregt. Gespannt warten Sie auf die ersten Fragen des Prüfers. Mit jeder Frage, die Sie richtig beantworten, werden Sie sicherer, aber es bleibt eine gewisse Anspannung, bis Sie Ihr Ergebnis erfahren. Erst als man Ihnen Ihr erfolgreiches Bestehen verkündet, können Sie sich freuen. Sie haben es geschafft, Sie haben eine Rückmeldung über Ihre Kompetenzen erhalten und wissen nun, was Sie können. In diesem Bereich können Sie sich nun sicherer als zuvor bewegen. Sie haben nicht nur die Prüfung bestanden, sondern gleichzeitig hat sich Ihre Komfortzone ausgedehnt. Die Komfortzone ist größer geworden, und Ihre Stresszone ist etwas geschrumpft, wie auf der Abbildung (Seite 208) dargestellt ist.

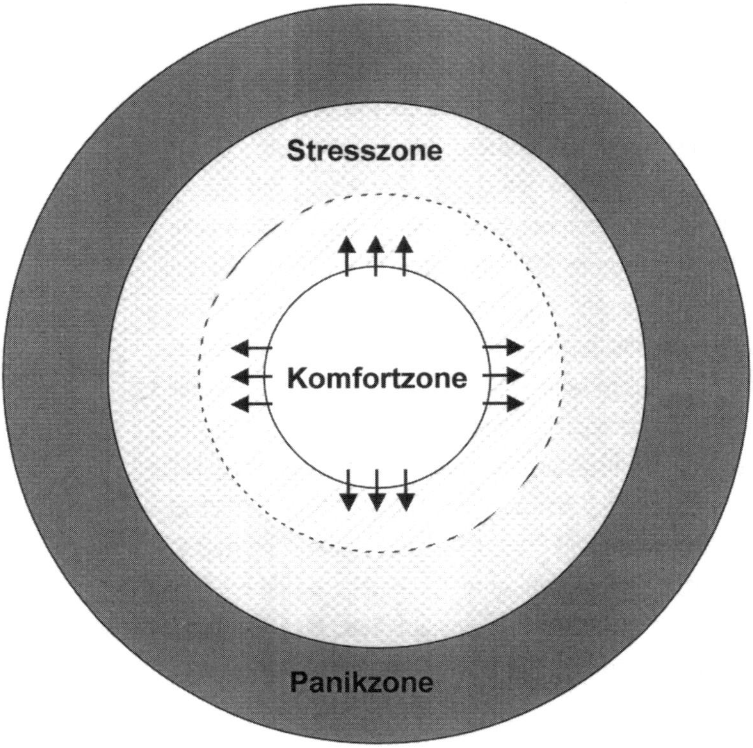

Wichtig an diesem Erlebnis war, dass Sie durchaus auch aufgeregt waren. Stellen Sie sich einmal folgende Situation vor: Ein junger Mann macht seinen Führerschein. Er hat schon als Kind immer auf dem Hof seiner Eltern üben dürfen und ist sich seiner Fahrkünste sicher. Er ist sich zu hundert Prozent sicher, dass er keinen Fehler machen wird. In seiner Sicherheit wird er nachlässig, vergisst mehrere Male den Schulterblick und fährt ein wenig zu schnell. Er besteht die Prüfung nicht, obwohl er es doch kann. Ein wenig Aufregung hätte ihn wahrscheinlich aufmerksamer gemacht.

Andererseits müssen Sie darauf achten, dass Sie nicht in die Panikzone geraten. Vielleicht haben Sie es selbst schon erlebt, dass Sie eine bestimmte Leistung erbringen sollten, in Panik gerieten, und dann klappte nichts mehr. Das kann einerseits daran liegen, dass Sie die Kompetenzen, die in dieser Situation erforderlich waren, tatsächlich nicht besaßen und Ihnen dies auch bewusst war. Es kann aber auch daran gelegen haben, dass Sie es eigentlich konnten, es sich aber nicht wirklich zugetraut haben. Ihre Selbstwirksamkeit war zu niedrig. Sie sind wahrscheinlich schon mit Gedanken an die Situation herangegangen wie: „Das schaffe ich nie“, „Der will mich doch sowieso reinlegen, egal wie viel ich kann“, oder: „Ich bin so aufgeregt, mir fällt bestimmt nichts ein.“ Am letzten Beispiel können Sie wunderbar sehen, wie das Prinzip der selbsterfüllenden Prophezeiung sich erfüllen kann. Bei der ersten Frage müssen Sie vielleicht einige Sekunden überlegen – eigentlich nicht tragisch. Doch Sie denken: „Mir fällt nichts ein, mir fällt nichts ein.“ Ihre Aufregung steigt, und zwar umso mehr, je länger Sie nachdenken müssen. So kommen Sie in den Bereich, in dem Ihnen tatsächlich nichts mehr einfallen kann. Gegen einen solchen Verlauf müssen Sie sich schützen.

So geraten Sie nicht in die Panikzone

Es geht also um das richtige Maß an Stress, welches Sie in Leistungssituationen – bei neuen Herausforderungen – benötigen. Was können Sie tun, wenn Sie merken, dass Ihnen Ihr Stresspegel zu hoch wird, wenn

Sie sich der Panikzone nähern? Sie haben mehrere Möglichkeiten, die von zwei Voraussetzungen abhängen:

1. Sie verfügen tatsächlich noch nicht über die erforderlichen Kompetenzen.
2. Sie besitzen zwar die Fähigkeiten, haben Ihre Gedanken oder Nerven jedoch nicht im Griff.

Im ersten Fall sollten Sie Ihre Anforderungen vorübergehend niedriger schrauben, auf ein Niveau, das Sie eben noch erreichen können. Üben Sie, und versuchen Sie Ihre Fähigkeiten auszubauen und zu festigen, so dass Sie sich bei Bedarf auf diese verlassen können.

Entspannungstechniken, z. B. autogenes Training oder Muskelentspannung nach Jacobson, sind ebenfalls gut geeignet, um Panikanfällen vorzubeugen.

Im zweiten Fall versuchen Sie Ihre Gedanken, die Sie in den übertriebenen Stress führen, zu kontrollieren. Dies geht z. B. mit der Technik des Gedankenstopps (siehe Seite 175). Damit stoppen Sie bewusst Gedanken, die Sie vom Wesentlichen ablenken und Ihre Aufregung und Angst schüren. Eine weitere Möglichkeit, die sich auch gut an den Gedankenstopp anschließen lässt, ist die Technik der Selbstinstruktion*. Sie basiert auf der Annahme, dass inneres Sprechen unser Verhalten steuern kann. Sie haben sicherlich schon einmal ein Kind beobachtet, das sich bei einer schwierigen Handlung – z. B. Schuhe zubinden – selbst instruiert hat. Es fällt dem Kind so leichter, seine Handlungen in der richtigen Art und Weise und Reihenfolge zu tätigen. Nichts anderes machen wir

---

* Die Technik der Selbstinstruktion stammt von Donald Meichenbaum.

Erwachsenen – mit der Ausnahme, dass wir nicht mehr laut sprechen. Wie könnte so eine Selbstinstruktion aussehen, die es Ihnen ermöglicht, mit einer allzu stressigen Situation umzugehen?

1. Zunächst müssen Sie sich orientieren und planen. -> „Sorge dich nicht, sondern überlege, was du machen kannst, damit die Situation gut läuft." Oder: „Überleg doch mal, wie viel du gelernt hast und was schon geschafft hast."
2. Nun müssen Sie die Situation bewältigen. -> „Entspann dich. Du kannst deine Anspannung in Grenzen halten." Oder: „Komm, ganz ruhig, jetzt einen Schritt nach dem anderen." „Mach doch erst mal ..."
3. Dabei müssen Sie sich ständig ermutigen, das negative Gefühl auszuhalten. -> „Du kennst diese Anspannung, sie wird gleich weniger werden." Oder: „Du warst das letzte Mal doch auch nervös und da hat es auch geklappt."
4. Zuletzt hilft es für die Zukunft, wenn Sie das Ergebnis bewerten und verstärken. -> „Ich habe durchgehalten. Ich habe es geschafft." Oder: „Es ging schon besser als beim letzten Mal."

Dehnen Sie Ihren Komfortbereich aus

Es lohnt sich, die Grenzen seines Komfortbereichs zu verlassen. Nur so können Sie sich entwickeln, also Ihren Komfortbereich ausdehnen und Ihre Stresszone verkleinern – indem Sie Herausforderungen annehmen, deren Konsequenzen Sie zunächst nicht abschätzen können, in denen Sie aber durch das ständige Üben immer sicherer werden. Um diesen Prozess immer wieder zu beginnen, müssen Sie wissen, was Sie nicht können.

Stellen Sie sich ein Baby vor. Zunächst weiß es nicht, dass es nicht laufen kann. Es kennt Laufen überhaupt nicht. Es fühlt sich wohl in seiner Komfortzone. Dann sieht es seinen großen Bruder, wie er im Zimmer hin und her flitzt. Das Baby spürt: „Das möchte ich auch können". Es wagt sich mit Hilfe der Eltern vorsichtig an die ersten Schritte, was schon aufregend ist. Dabei schaut es, wie der große Bruder es wohl macht und versucht, ihn nachzuahmen. Die ersten echten eigenen Schritte sind noch spannender. Es könnte ja hinfallen. Es weiß nicht, wie weit es wohl aus eigener Kraft kommen kann. Es befindet sich im Bereich seiner Stressphase. Mit zunehmender Übung nähert es sich wieder der Komfortzone und erreicht diese schließlich, wenn es normal ist, laufen zu können. Hätte das Baby nicht gemerkt, dass es etwas gibt, was es nicht kann, hätte es vielleicht länger gedauert, bis es damit angefangen hätte.

Auch als Erwachsene sollten wir uns vor Augen halten, wozu wir noch nicht fähig sind, es aber gerne wären. Dies ist der erste Schritt zur Veränderung, also Entwicklung. Welche Fähigkeiten hätten Sie gerne? Was hat Sie schon immer gereizt, aber Sie haben es sich nie zugetraut? Anregungen findet man oft auch in der Umgebung. Vielleicht haben Sie jemanden gesehen oder kennen jemanden, der eine Fähigkeit besitzt, die Sie auch gerne hätten. Vielleicht sind Sie eingeladen und bewundern die Art, wie der Gastgeber mit seinen

Um Ihren Komfortbereich zu erweitern müssen Sie zunächst erkennen, was Sie nicht können, und dann entscheiden, ob Sie dies lernen möchten.

Gästen umgeht, wie er es schafft, dass alle sich sehr wohl fühlen. Oder Sie beneiden Ihre Freundin um ihre Unabhängigkeit, die Selbstverständlichkeit, mit der sie alleine ausgeht oder in den Urlaub fährt. Genauso wie das Baby beim großen Bruder zuschaut, können Sie auch als Erwachsene durch „Abgucken", Ausprobieren und ständiges Üben lernen.

Die Komfortzone kann schrumpfen

Ein wichtiger Aspekt ist noch zu erwähnen: Wenn Sie niemals an Ihre Grenzen gehen, wird Ihr Komfortbereich kleiner. Ihr Handlungsspielraum wird eingeschränkt. Dies ist eine logische Folge – wenn Sie Ihre Kompetenzen nicht vollständig nutzen und immer wieder erproben und somit auch üben, werden sie verkümmern. Sie werden irgendwann nicht mehr sicher wissen, ob Sie das denn überhaupt noch können. Vielleicht haben Sie in der Schule mal Französisch gelernt, aber seit zwölf Jahren die Sprache nicht mehr gesprochen. Wenn Sie nun nach Frankreich in den Urlaub fahren, werden Sie merken, dass es für Sie viel stressiger ist als früher, sich dort zu unterhalten. Ihnen fehlen Vokabeln, Sie wissen nicht, ob Sie die Grammatik richtig anwenden, was die Franzosen über Ihre Aussprache denken und ob Sie überhaupt mit Ihren Kenntnissen das mitteilen können, was Sie möchten. Ihre ehemals sichere Komfortzone (Französischnote: sehr gut) ist zur Stresszone geworden, weil Sie sich keinen neuen Herausforderungen mehr gestellt haben.

Suchen Sie bewusst nach Herausforderungen

Nutzen Sie also die Möglichkeiten, sich zu entwickeln. Sehen Sie Stress nicht als Hindernis, sondern als Chance, sich zu verbessern. Herausforderungen sind gut, nehmen Sie diese immer an. Und glauben Sie nicht, dass Ihre Komfortzone irgendwann groß genug ist. Sie wissen ja nun, dass sie sich zurück bildet, wenn Sie aufhören, Ihre Grenzen zu testen und zu erweitern. Warten Sie demnach nicht, dass sich eine Herausforderung auftut, sondern suchen Sie diese bewusst.

Herausforderungen, denen ich mich stellen werde

Epilog

Erinnern Sie sich an Holger? Zum Abschluss sollen Sie erfahren, wie es bei ihm weitergegangen ist.

Holger hat zunächst Schwierigkeiten, ein positives Bild seiner Zukunft zu kreieren. Noch bevor er sich traut, genauer über seine weitere Zukunft zu spekulieren, beschleichen ihn Zweifel. Was werden seine Eltern sagen, wenn er noch einmal etwas Neues anfängt? Er hat schon so vieles angefangen, und langsam überkommen ihn Selbstzweifel, ob er überhaupt in der Lage ist, ein Projekt zu Ende zu bringen. Aber wenn Holger nicht anfängt, zu träumen, und sich keine Visionen von seiner Zukunft macht, wird er aus dieser Stagnation, in der er sich befindet, nicht herauskommen.

Einen Ansatzpunkt gibt es: Holger hat schon häufiger darüber nachgedacht, wie es wäre, ein eigenes Tabakgeschäft zu eröffnen. Er fängt an, zu träumen, und malt sich in den schönsten Farben sein zukünftiges Leben als Geschäftsinhaber aus. Er betritt morgens gut gelaunt seinen Laden und beginnt den Tag mit dem Einräumen der gestrigen Lieferung. Ein älterer Herr betritt das Geschäft und erkundigt sich nach einer ganz besonderen Zigarre, die er verschenken möchte. Holger nimmt sich viel Zeit für die Beratung und findet schließlich gemeinsam mit dem Kunden das richtige Geschenk. Er hat noch viele weitere Kunden an diesem Tag. Viele von ihnen kennt er schon. Sie kommen fast täglich. Am Nachmittag kommt seine Angestellte zur Arbeit. Sie übernimmt immer die letzen Stunden vor Ladenschluss und entlastet Holger dadurch in seinem täglichen Arbeitspensum. Doch bevor er sich verabschiedet, trinken sie noch gemeinsam eine Tasse Kaffee und unterhalten sich ein wenig. Schließlich verlässt er den Laden und fährt nach Hause, wo schon seine Frau mit dem Abendessen auf ihn wartet.

Holgers Vision verdeutlicht, wie komplex solche Träume sein können. Wenn man sich wirklich intensiv auf eine Situation einlässt, entstehen eine Vielzahl von Eindrücken, die es zu ordnen gilt. Seine Vision hat Holger dabei geholfen, sich zu entscheiden, ob diese Situation wirklich etwas für ihn wäre. Er hatte das Gefühl, den Geruch von Tabak wahrnehmen zu können, als er den Laden aufschloss. Er fühlte sich gut und genoss es, sein eigener Herr zu sein. Er konnte das Lächeln des Kunden sehen, als er ihm weiterhelfen konnte, und er hat die Vorfreude erlebt, nach einem befriedigenden Arbeitstag nach Hause zu fahren. Nach dem Durchdenken dieser Vision ist es Holger klar: Er möchte dieses Geschäft führen und all dies in der Wirklichkeit erleben.

Doch ist dies auch möglich? Besitzt er die nötige Kompetenz, um ein Geschäft zu eröffnen? Sicherlich wird ihm sein gutes kaufmännisches Verständnis behilflich sein, aber wie sieht es mit speziellen Fachkenntnissen aus? Könnte er diese irgendwo erwerben? Holger prüft auch noch einmal ganz genau, ob er dieses Ziel wirklich erreichen will. Ist seine Leistungsmotivation ausreichend, um auch längere Durststrecken zu überstehen? Seiner Freiheitsliebe wird die Selbstständigkeit sicherlich entgegenkommen. Wie sieht es mit seinem persönlichen Umfeld aus? Werden seine Freunde und Eltern ihn noch einmal bei einem neuen Projekt unterstützen? Oder wird es da zu Spannungen kommen? Bezüglich der Rahmenbedingungen liegt sicherlich noch viel Arbeit vor ihm. Er muss ein Konzept entwerfen und sich um Kredite, Konzessionen und ein geeignetes Ladenlokal kümmern. Wird er das alles schaffen? Es sprechen viele Dinge für die Verwirklichung des Traums, andere erscheinen auf den ersten Blick problematisch. Doch welche von diesen sind eigentlich nicht lösbar? Langsam beschleicht ihn ein unruhiges Gefühl. Es sieht so aus, als sei sein Traum tatsächlich realisierbar! Also ... warum nicht? Aber wie soll er vorgehen?

Holger versucht daraufhin, seine Vision für die Entwicklung von Zielen zu nutzen. Vorher war sein Problem, dass er nur sagen konnte, was er nicht wollte. Er wollte nicht mehr studieren, und er wollte seine Eltern nicht mehr enttäuschen. Das freie Phantasieren und Durchleben seines Traums hat es ihm jedoch ermöglicht, ein positives Bild seiner Zukunft zu entwickeln. Und plötzlich ist alles ganz klar. Holger möchte diesen Laden aufmachen. Er möchte sein eigener Herr sein und seinen Kunden eine gute Beratung bieten. Zudem kann er sich vorstellen, eine Angestellte zu haben und verheiratet zu sein. Nun hat er keine Angst mehr davor, was andere zu diesen Zielen sagen. Da sie aus seiner eigenen unzensierten Vision entstanden sind, kann er sicher sein, dass es seine eigenen Ziele sind und er nicht wieder versucht, die Erwartungen anderer zu erfüllen, die ihn langfristig nicht glücklich machen.

Holger hat erkannt, dass sein Fachwissen für die Tabakbranche bei weitem nicht ausreicht. Sich über diese Branche ein genaueres Bild zu machen, muss daher sein vorrangiges Ziel sein. Er überlegt sich Maßnahmen, die er ergreifen kann, um sich die nötigen

Kenntnisse anzueignen, und legt für jede Tätigkeit einen genauen Zeitplan fest. Gleich heute Nachmittag will er bei einem Zeitschriftenverlag eine Fachzeitschrift für Tabakwaren abonnieren. Anschließend möchte er sich in dem benachbarten Tabakgeschäft erkundigen, ob es möglich sei, dort für einige Zeit zu hospitieren, um praktische Erfahrungen sammeln zu können. Zudem wird er den Inhaber des Geschäfts bitten, ihm Adressen zu nennen, wo man die notwendigen Fachkenntnisse erwerben kann. Dieses Maßnahmenpaket möchte Holger in der nächsten Woche abgeschlossen haben. Danach wird er sich das nächste vornehmen. Natürlich ist es noch ein langer Weg, bis Holger seinen Traum erfüllt hat. Doch der Anfang ist gemacht.

Ich wünsche Ihnen, dass Sie sich durch die Arbeit mit diesem Buch etwas besser kennen gelernt und neue Ideen und Pläne für Ihre Zukunft entwickelt haben. Ich hoffe, Sie haben den einen oder anderen hilfreichen Tipp bekommen, der Sie dabei unterstützt, sich selbst treu zu bleiben.

An dieser Stelle kann ich nur noch eins für Sie tun: Ihnen von Herzen wünschen, dass Sie immer wieder die Balance finden zwischen dem Mut, Ihren eigenen Weg zu gehen, und der Rücksichtnahme auf Ihre Lieben.

Ihre
Lisa Krelhaus

Danksagung

Mein herzlicher Dank gilt meinem Profiling-Center-Team für sein tatkräftiges Engagement bei diesem Projekt. Ebenso danke ich meiner Lektorin Annette Gillich, die mich mit ihrer ganzen Professionalität unterstützt hat.

Bei meiner Familie bedanke ich mich ganz herzlich dafür, dass sie mir den Rücken frei gehalten hat von vielen Verpflichtungen des Alltags. Ganz besonders danke ich meinem Mann James, der mir als Coach und Sparringspartner so großartig zur Seite gestanden hat.

Schließlich bin ich meiner Freundin Merve äußerst dankbar für ihr kollegiales Feedback.

Tipps zum Weiterlesen

Asendorpf, J. B.: Psychologie der Persönlichkeit. Springer Verlag, Berlin/Heidelberg/New York

Bierhoff, H. W.: Sozialpsychologie. Kohlhammer Verlag, Stuttgart/Berlin/Köln

Bourne, L. E.; Ekstrand, B. R.: Einführung in die Psychologie. Verlag Dietmar Klotz, Eschborn 1992

Comelli, G.; von Rosenstiel, L.: Führung durch Motivation. Verlag Franz Vahlen, München

Seligman, Martin E. P.: Pessimisten küsst man nicht. Optimismus kann man lernen. Droemersche Verlagsanstalt Th. Knaur Nachf., München 2001

Zimbardo, Philip G., Gerrig, Richard J.: Psychologie. Springer Verlag, Berlin/Heidelberg/New York

Über die Autorin

Lisa Krelhaus, geb. 1954, ist Diplom-Psychologin und war als selbstständige Beraterin und Trainerin im Bereich Personal- und Organisationsentwicklung und als Leiterin des Bereichs Wirtschaftspsychologie der Akademie der Universität Bochum tätig, bevor sie im Jahr 2001 die Profiling Center GmbH gründete, in der sie berufsbezogene Persönlichkeitsanalysen anbietet.